सफलता
एक चुनौती

हर्षिता शुक्ला

"Everything is possible; if you can't do it then anybody else will do"

डायमंड बुक्स

www.diamondbook.in

प्रकाशक : डायमंड पॉकेट बुक्स (प्रा.) लि.
X-30, ओखला इंडस्ट्रियल एरिया, फेज-II
नई दिल्ली-110020
फोन : 011-40712100
ई-मेल : sales@dpb.in
वेबसाइट : www.diamondbook.in
संस्करण : 2018
मुद्रक : रेप्रो (इंडिया)

Safalta Ek Chunauti
By : *Harshita Shukla*

जुनून जब हद से गुजरता है, तो सफलता का जन्म होता है।
" सबकुछ संभव है, नहीं करेंगे तो कोई और कर लेगा

(सफलता एक चुनौती)

वह सीढ़ी जो आपको सफलता तक ले जायेगी।

मेरी प्रेरणा

मेरी माँ जिसने हमेशा

मुझे सफल होने के लिए प्रेरित किया...

आभार

आज इस किताब को लिखने से पहले मैं दिल से अपने उस ईश्वर को, उस सर्वशक्तिमान को जिसने कि हमें इस धरती पर न केवल जन्म दिया बल्कि अपने रूप में ईश्वर रूपी माँ–बाप दिये। वह जिम्मेदार हाथ जिन्होंने मुझे संभाला साथ ही दुनिया में चलना सिखाया। इसके उपरान्त मेरी इस रचना को बनाने में उन सभी लोगों का आभार व्यक्त करती हूँ जिनके सहयोग से मैं आज यह किताब लिख पा रही हूँ और उन बहुत से लोगों को जिन्होंने वर्षों से मेरी मदद कि जिन्होंने मुझे जीवन की चुनौतियों का सामाना करना सिखाया। इस पुस्तक की विषय–सामग्री दी। इसके उपरान्त मैं इस किताब को लिख रही हूँ और व्यक्तिगत रूप से मेरी मित्र जिसके साथ मेरी मित्रता बड़े ही नाटकीय ढंग से शुरू हुई और बहुत सारे उतार–चढ़ाव के बाद आज उनका भी सहयोग मुझे मिला।

व्यक्ति को जीवन में जन्म से लेकर हर उस व्यक्ति का, प्रकृति का आभारी होना चाहिए जिसके द्वारा आज हम किसी भी प्रकार का भौतिक, मौलिक सुख व सेवा प्राप्त करते हैं। जब आप चीजों का, लोगों का आभार व्यक्त करते हैं और वह भी दिल से तो वह व्यक्ति स्वतः ही आपसे जुड़ जाता है। आखिर में इस किताब को प्रकाशित करने वाले प्रकाशन के हर उस छोटे–बड़े व्यक्ति को जो किसी भी रूप में इस पुस्तक को प्रकाशित करने में सहयोगी रहा।

मै उन्हें आभार व्यक्त करती हूँ।

धन्यवाद।

Harshita Shukla

विषय वस्तु

प्रस्तावना

सफलता एक चुनौती, एक शब्द है जिसका अर्थ है जीवन में आने वाली वह सभी बाधाएँ, रूकावटें, दिक्कतें और परेशानियाँ या यूं कह सकें जो किसी भी व्यक्ति के जीवन में आना तो स्वाभाविक है और यह मानव जीवन में आती रहेंगी। अब तक दुनियाँ में बहुत सारे संशोधन, व्यापक परिवर्तन हो चुके हैं। हम (डिजिटल) या सूचना युग एवं ज्ञान आधारित युग में प्रवेश कर चुके हैं उसके उपरान्त भी हम सभी व्यक्तिगत, पारिवारिक समस्याओं का सामना कर रहे हैं जिसका कोई सफल इलाज प्राप्त नहीं हुआ। मेरे जीवन में भी मैंने बहुत सारी बाधाओं, चुनौतियों का सामना किया अपने लक्ष्य तक पहुँचने के लिये बहुत सारे लोगों को यह भ्रम होता है कि केवल शिक्षा प्राप्त कर लेना ही सफलता की कुंजी है इसके साथ–साथ सफलता तक ले जाने वाले रास्ते में हमें बहुत सारे नियमों का पालन करना पड़ता है। बिना नियमों का पालन किये सफलता को पाना नामुमकिन है। सफलता शब्द तो छोटा है, लेकिन इसकी कीमत बड़ी है और इतनी बड़ी कि इसे पैसे से नहीं खरीदा जा सकता है। आज भी बहुत सारे लोगों का मानना है कि किसी सफल व्यक्ति का साथ कर लेने मात्र से ही हम सफल हो जायेंगे तो ऐसा सम्भव नह्रीं है क्योंकि आप कहीं न कहीं उस व्यक्ति के आभा मण्डल में खो जाते हैं। आपके अन्दर की छिपी हुई प्रतिभा पूर्णरूप से बाहर नहीं आ पाती जबकि कुदरत ने हर व्यक्ति को किसी न किसी प्रतिभा का धनी बनाया है। आपके अन्दर किसी भी प्रकार की प्रतिभा एवं ज्ञान है। आप उसे एक संरचना का रूप दें एवं लोगों के अच्छे व्यवहारों को और अच्छी बातों को देखें व सीखे। अच्छे व्यक्ति का साथ करना तो अच्छी बात है। उनसे बहुत कुछ सीखा जा सकता है लेकिन नकल करने मात्र से सफल नहीं हुआ जा सकता। आप अपने आप में विशेष हैं और यह

आपको खुद में समझना होगा दूसरों के बताए हुये मार्ग पर आँख मूंद कर चलने से पहले आपको अपनी प्रतिभा और विशेषताओं के बार में सोचना होगा और मानव मन की सबसे बड़ी समस्या (तत्काल) यानी जीवन में उन्हें सब कुछ तत्काल चाहिए। चाहे वह मकान, नौकरी, गाड़ी, उन्नति, पैसा, शोहरत आदि हो जबकि यह निश्चित एवं नियमबद्ध योजना से ही प्राप्त होता है। आप खुद ही मात्र ऐसे व्यक्ति है जो अपनी सही प्रतिभा का प्रयोग कर सफलता प्राप्त कर सकते है, इसके लिए आपको अपने अन्दर सोते हुए उस व्यक्ति को झकझोरना होगा। यह किताब उन सभी बाधाओं एवं चुनौती को दूर करने में मदद करेगी जिनके कारण आप सफलता तक पहुँच पायेंगे। ईमानदारी के साथ जब आप इस पुस्तक को पढ़ेंगे और अपने जीवन में अमल में लायेंगे क्योंकि आपको स्वयं आप ही बदल सकते हैं, यह किताब मात्र एक साधन है।

"अपने रास्ते खुद चुनिये क्योंकि आपको आपसे बेहतर कोई नहीं जानता।"

–**हर्षिता शुक्ला**

मूल मंत्र

कर निश्चय, कर संकल्प, एक दिन वह भी आयेगा।
जब तेरा नाम, उस सूरज की तरह जगमगायेगा।
तपा दो, जला दो, सफलता की राह में।
जो भी पत्थर आयेगा वो चूर–चूर हो जायेगा।
कर निर्णय, कर हौसला, बुलन्दियों को छूने का।
क्योंकि तेरा हुनर ही तुझे उस मुकाम तक पहुँचायेगा।
न थकना, ना रूकना, ना उदास होना।
क्योंकि तुझे और कोई नहीं तू ही सफल बनायेगा।

सफलता के घटक

शिक्षा

मित्रों शिक्षा एक व्यापक शब्द है एवं हमारे जीवन का सबसे महत्त्वपूर्ण पहलू है क्योंकि सीखने की कला हमें विद्यालय से प्राप्त होती है किसी भी ज्ञान को अर्जित करने के लिए शिक्षा यानि शिक्षित होना। आदिमानव जब तक शिक्षा विहीन था। वह सभ्य सामाजिक व्यक्ति नहीं कहला सकता था। युगों–युगों से ही शिक्षा का महत्त्व रहा है और हमेशा रहेगा। शिक्षा ही वह साधन है जिससे कि हम जीवन का विस्तार करते हैं। हमारे मस्तिष्क का विकास भी होता है। शिक्षा का स्तर आज के समय में स्त्री एवं पुरुष दोनों के लिये महत्त्वपूर्ण है और दोनों का शिक्षित होना भी

महत्त्वपूर्ण है। औपचारिक शिक्षा आपको जीवनयापन करने योग्य बनाती है एवं स्वः शिक्षा आपको सफल बनाती है। शिक्षा हमारे समाज की आत्मा है या यूं कहा जा सकता है कि एक पीढ़ी से दूसरी पीढ़ी को ही जाती

है जैसे कि हमने स्कूल में जो कुछ भी सीखा, वह सब भूल जाने के बाद भी जो कुछ याद रहता है वह शिक्षा है। आप अपने जीवन में इस तरह से जियो कि अगर आप मर भी जायेंतो ज्ञान और शिक्षा ऐसी हो कि आप हर व्यक्ति के दिल में अमर हो जायें।

शिक्षा के अभाव में सफलता

जीवन में शिक्षा का होना महत्त्वपूर्ण तो है ही यदि आप उचित शिक्षाविहीन है तो आपको स्वयं में ग्लानि महसूस नहीं करनी चाहिये क्योंकि शिक्षित व्यक्ति ही सही फैसले ले, ऐसा जरूरी नहीं। शिक्षा का मकसद केवल रोजी–रोटी कमाना नहीं होता है। अगर आप कम पढ़े–लिखे हैं और बहुत सारी भाषाओं का ज्ञान आपको नहीं है या आपके पास डिग्रियाँ नहीं हैं यानी कि आप किसी में बंधे नहीं है तो आप कुछ भी बन सकते

हैं। आपको जिस भी भाषा का ज्ञान है, आप अपनी बातों को सुन्दरतापूर्ण तरीके से सामने वाले व्यक्ति के सामने रखेंगे तो वह आपकी बात को समझेगा। कभी भी जिस भाषा का ज्ञान आपको पूर्ण रूप से नहीं है तो उसे उपयोग में मत लायें। हम जिस भी देश में रहते हैं वहाँ की भाषा का ज्ञान होना आवश्यक है और यह ज्ञान आपको जन्म से प्राप्त होना शुरू हो जाता है क्योंकि वह हमारी मातृभाषा होती है। संसार में बहुत सारे देश हैं और उनमें बहुत सारी बोली एवं भाषाएँ बोली जाती हैं। इन सारी भाषाओं का ज्ञान होना असम्भव है इसलिए आप जिस भी भाषा पर काम करते है, उस भाषा पर आपका नियन्त्रण होना भी जरूरी है। जिस भाषा का आपको ज्ञान होता है, उसे आप सही तरीके से प्रस्तुत कर सकते हैं। लोग दूसरों को प्रभावित करने के चक्कर में दूसरी भाषाओं का प्रयोग करने लग जाते हैं, जिससे कि न तो आप सामने वाले व्यक्ति पर प्रभाव छोड़ पाते हैं और न ही वह व्यक्ति आपकी बात को समझ पाता है। यह तो भाषा की बात हो गई। शिक्षा का मतलब कि आप जो भी व्यवसाय या नौकरी या अन्य कोई भी कार्य कर रहे हैं तो उस विषय पर शिक्षित हों और विषय की पूर्ण जानकारी होना अति आवश्यक है। सीखने की कोई उम्र नहीं होती, अगर आपकी शिक्षा की उम्र गुजर चुकी है तब भी आप सफल हो सकते हैं। समाज दो तरह के व्यक्तियों को सम्मान देता है, एक जो शिक्षित है और दूसरे जिन्हें अपने कार्यक्षेत्र का ज्ञान (Knowledge) है। इससे यह सिद्ध होता है कि व्यक्ति अगर किसी भी प्रकार से शिक्षा या डिग्रियाँ नहीं प्राप्त कर पाया तो भी वह अपने ज्ञान के आधार पर सफल हो सकता है। ऐसे बहुत सारे उदाहरण हमें हमारे समाज में मिल जायेंगे जिन्हें कि पारिवारिक एवं आर्थिक स्थितियों के कारण शिक्षा तो नहीं मिल पाई लेकिन उन्होंने उस कमी पर रोने की बजाय उस पर जीत हासिल की, आप वर्तमान में जो भी व्यवसाय करना चाहते हैं उसके बारे में गहराई से पढ़ना एवं उससे सम्बन्धित जानकारियों को एकत्रित करना शुरु कर दीजिये या आप जिस भी क्षेत्र में जाना चाहते हैं तो उस क्षेत्र से सम्बन्धित नित होनी वाली नई तकनीकी चीजों के बारे में जानिये जैसे कि आप जिस Product को बेच रहे हैं उसके बारे में

आपको जानकारी होना आवश्यक है उदाहरण के रूप में एक किसान जिसे कि लगभग कृषि की कोई जानकारी या शिक्षा प्राप्त नहीं होती है परन्तु फिर भी वह इस कार्य को कर पाता है क्योंकि निरन्तर अभ्यास किये जाने वाले काम में आप स्वतः शिक्षित हो जायेंगे या तो किसी काम को सीख के करना या किसी काम को करते–करते सीखना।

"शिक्षा अगर हमारे जीवन को सुन्दर बनाती है तो ज्ञान उसे सम्पूर्ण बनाता है।" – हर्षिता शुक्ला

अनुभव

अनुभव एक अद्‌भुत एवं चमत्कारी शब्द है, जिसे खरीदा नहीं जा सकता। यह समय से आता है। इसका कोई दूसरा विकल्प नहीं है, अनुभव का मतलब वह चीज जिसके बारे में आपको भली भांति ज्ञान हो और आप उसके परिणामों चाहे वह अच्छा हो या बुरा हो, जानते हो। जिस प्रकार से भिन्न–भिन्न मनुष्य होते हैं, उसी प्रकार से व्यक्तियों के अनुभव भी भिन्न–भिन्न होते हैं। मान लीजिये एक ही कार्य को दो अलग–अलग व्यक्ति एक ही समय पर शुरु करते हैं लेकिन दोनों के परिणाम अलग–अलग क्यों होते हैं। कक्षा में परीक्षा तो एक साथ होती है लेकिन परिणाम अलग होते हैं। यानी कहा जाये तो व्यक्ति जिस काम को पूरे मनोयोग से करता है उसके परिणाम अच्छे आना तय हैं, यह अनुभव हमे माँ की कोख से नहीं

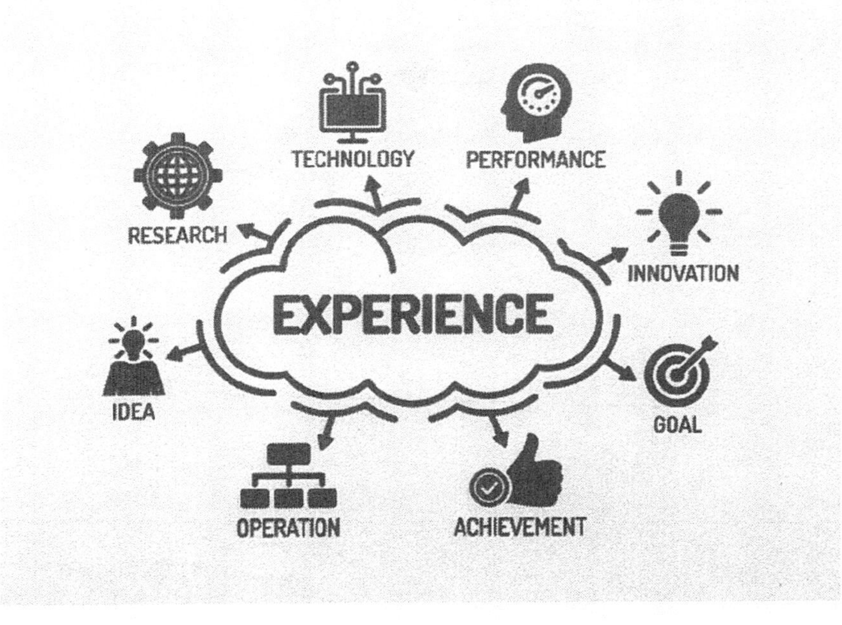

मिलता। वह समय के साथ कार्य करते–करते आता है। इसी तरह से जिन चीजों से हमें कुछ अनुभव मिलता है या परिणाम अच्छा नहीं आता है, उन्हें हम न करने का सुझाव दूसरों को देते हैं जबकि वह अनुभव हमें प्राप्त हुए हैं। इसका तात्पर्य यह नहीं कि ऐसा ही होना दूसरे के साथ सम्भव है, अगर ऐसा होता तो कोई भी व्यक्ति चाँद पर या एवरेस्ट पर जाने का साहस न जुटा पाता। अतः उनसे या उनके अनुभवों से लाभ उठाया जा सकता है। आप अपने जीवन में हमेशा अच्छे अनुभवों को रखे और कटु अनुभवों को जीवन से मिटा दे क्योंकि वह आपको केवल पीड़ा देंगे। उन्हें सीख के रूप में याद रखे। लोगों में यह भी समस्या देखी जाती है, समय–समय पर हर दूसरे कार्य का अनुभव लेना भी समस्या पैदा करता है क्योंकि आप किसी भी चीज में परिपूर्ण नहीं हो पाते, अति ज्यादा अनुभव भी सफल होने में बाधा होता है। व्यक्ति रिस्क लेने से घबराता है और अपनी मनोदशा को दूसरों पर थोपता है। अगर कहा जाये तो अनुभव भी सफलता में एक चुनौती है।

लक्ष्य

मानव जब इस धरती पे जन्म लेता है, जन्म लेने के साथ ही लक्ष्य भी उसके साथ जन्म लेता है। शिशु अवस्था से युवा अवस्था तक लक्ष्य कहीं न कहीं किसी न किसी रूप में हमारे साथ रहता है। अपने आस–पास की परिस्थितियों, चुनौतियों और कठिनाइयों को जब आप बहुत ही करीब से देखेंगे तो स्वतः आपको अपने जीवन का लक्ष्य मिल जायेगा। ईश्वर ने मनुष्य को वो सारे आविष्कार, बल, बुद्धि दी है, जिसके द्वारा वह किसी भी लक्ष्य को प्राप्त कर सकता है। समस्या केवल इस बात की होती है कि मनुष्य एकाग्र न होकर भटकाव की स्थिति में आ जाता है

और लक्ष्यविहीन हो जाता है। जब एक बार व्यक्ति लक्ष्यविहीन होता है तो दोबारा से उसे उतनी ही ताकत लगानी पड़ती है, जितनी कि उसने पहली बार लक्ष्य को बनाने में लगाई थी। इंसान समय के साथ जीवन में आने वाली बहुत सारी दिक्कतों और समस्याओं को दूर करने में इतना व्यस्त हो जाता है कि वह अपने निर्धारित लक्ष्य को कहीं–न–कहीं बहुत सारी परतों के बीच धूमिल कर देता है। अन्ततः जब जीवन लगभग बीत चुका होता है, उस वक्त वह अपने अन्तर्मन से एक प्रश्न करता है कि जीवन में उसने क्या पाया और क्या खोया, तब उसे यह एहसास होता है कि जिस लक्ष्य को लेकर के उसने जीवन की शुरूआत की थी, वह कहीं खो चुका है। उस वक्त उसे एहसास होता है कि वह अपने छोटे–छोटे लक्ष्यों को पूरा करने के चक्कर में मुख्य लक्ष्य (मेन टारगेट) को ही खो देता है और मायूस हो जाता है। दुनिया में लगभग हर दूसरा व्यक्ति जीवन में अपने छोटे–छोटे लक्ष्यों को ही प्राप्त करने में सारा वक्त बर्बाद कर देता है। इसका परिणाम यह होता है कि व्यक्ति अपने लक्ष्य से तो भटक ही जाता है और कहीं–न–कहीं उसके जीवन में नकारात्मकता भी जन्म ले लेती है और वह अपने आस–पास मौजूद लोगों पर आरोप–प्रत्यारोप लगाता है कि लक्ष्य जैसे जीवन में कुछ नहीं होता है। यह बात पूर्णतः सत्य नहीं है। प्रकृति भी अपने लक्ष्य से बंधी है, जिस तरह से किसी लक्ष्य को निर्धारित करना हमारा काम होता है, उसी तरह से लक्ष्य को प्राप्त करने में भी हमे ही कार्य करना होगा। ठीक उसी प्रकार जैसे महाभारत की कथा में अर्जुन ने एकाग्रता और आत्मविश्वास से अपने लक्ष्य को देखा और उस पर विजय प्राप्त किया।

अनुभवहीनता

जिस तरह से पिछले अंकों में यह बताया जा चुका है कि सफलता के रास्ते में चुनौती जैसी चीजें कोई मायने नहीं रखती, ठीक उसी तरीके से अनुभव का न होना भी व्यक्ति की सफलता में बाधा नहीं है। किसी

विशेष क्षेत्र में यदि आपको अनुभव नहीं है तो आप अपनी टीम में उस क्षेत्र के अनुभवी लोगों को तो शामिल कर ही सकते हैं। इसके अलावा आप उस कार्य को शुरू करने से पहले उस कार्य की पूरी योजना या प्रोजक्ट प्लानिंग के साथ करें क्योंकि आज के संचार क्रांति युग में आपको ऐसी बहुत सारी जानकारियाँ और सूचनाएँ मिल जाती हैं, जो कि पहले के समय में लोगों को प्राप्त नहीं हो पाती थी। हम जिस युग में है वह स्वर्णिम है, जिसमें कि हम अनुभवहीनता को बाधा नहीं मान सकते और जिस कार्य को आप अभ्यास के साथ निरन्तर करते हैं उस कार्य में आप अनुभव भी प्राप्त करते जाते हैं। केवल कार्य क्षेत्र में ही किये गये कार्य को ही अनुभव मानते हैं, जबकि सम्पूर्ण जीवन में हमें अनुभव कई प्रकार से होते हैं जैसे व्यक्तिगत अनुभव, आर्थिक रूप से लिये गये अनुभव, सामाजिक अनुभव। इन सबका भी प्रभाव हमारे जीवन पर पड़ता है। मेरा आप लोगों से अनुरोध है कि अपने अनुभवों को दूसरों पर थोपना बुरी बात है। आप अपने अनुभवों को लोगों से साझा जरूर करे सकते हैं ताकि आपके अनुभवों का फायदा दूसरे लोग ले सके, अनुभवहीनता सफलता में बाधा नहीं बन सकती।

लक्ष्यविहीनता

हमें अपने जीवन में आगे बढ़ने और सफल होने के प्रमाण की इच्छा होती है लेकिन उस इच्छा को रूप देने के लिये हमें लक्ष्य निर्धारित करना होता है। एक लक्ष्यविहीन व्यक्ति जीवन में उस प्रकार से जीता है जैसे पशु–पक्षी या जानवर इसलिए जीवन में जितना महत्वपूर्ण शरीर में श्वास का होना है, उतना ही सफलता में लक्ष्य का होना है। जीवन में लक्ष्य को बनाना एवं उस लक्ष्य को प्राप्त करने की योजना बनाना जैसे अधिकतर

लोग लक्ष्य तो बना लेते हैं, लेकिन उस लक्ष्य तक जाने वाले रास्ते को नहीं बनाते। वह रास्ता जो आपको लक्ष्य तक लेकर जायेगा, उस रास्ते की भली–भाँति आपको जानकारी होना अति आवश्यक है। उदाहरणः– जिस प्रकार आपको अपने स्थान से किसी अन्य स्थान पर जाना है, तो उस स्थान पर पहुँचने के लिए आपको पहले उसकी तारीख एवं माध्यम (ट्रेन, हवाई यात्रा, कार, बस) को निर्धारित करना पड़ता है और समय से घर से निकलना भी पड़ता है। मान लीजिए अगर आपको ट्रेन से जाना है और ट्रेन का टाइम 4:30 पर है तो साधारण–सी बात है कि आप स्टेशन पर 3:30 पर आ जाते हैं। स्टेशन पर आने के बाद आप पता करते हैं कि किस प्लेटफार्म पर आपकी ट्रेन आ रही है और कहीं लेट तो नहीं है। सारी बात मालुम करने के बाद आप उस प्लेटफार्म पर जाकर ट्रेन आने का इंतजार करते हैं और जब ट्रेन आ जाती है तो अपने डिब्बे को तेज गति से ढूँढते हैं कि कहीं ट्रेन छूट न जाये और फिर उत्सुकता के साथ अपनी सीट को ढूँढते हैं और फिर जिस स्थान पर जाना है, उस स्टेशन का बेसब्री से इन्तजार करते हैं। अगर उस बीच नींद भी आ जाती है तो भी आप सोते नहीं हैं और जहाँ आपको जाना है, उस यात्रा को पूरा करते हैं। जब किसी एक स्थान से दूसरे स्थान तक पहुँचने के लिए आप इतने प्रयास करते है और लक्ष्य के साथ तो मित्रों मैं आपसे कहना चाहती हूँ कि अगर जीवन के इतने बड़े लक्ष्य को प्राप्त करने में हमें ढेर सारा परिश्रम, एकाग्रता, सूझ–बूझ और धैर्य के साथ लक्ष्य की ओर कदम बढ़ाना होगा। उन सभी लोगों को जो अपना लक्ष्य तो निर्धारित कर चुके है, उन्हें केवल अब उस अथक प्रयास की जरूरत है और घोर परिश्रम की जरूरत है, लक्ष्य को पाने के लिए आपको हठी बनना होगा। मैं आशा करती हूँ कि इस पुस्तक को पढ़ने वाले सभी पाठक अपने लक्ष्य को प्राप्त करेंगे और मैं कहना चाहती हूँ कि लक्ष्य कोई चुनौती नहीं है, सफलता को पाने के लिये।

महत्वाकांक्षा

महत्वाकांक्षा एक बहुत ही सुन्दर शब्द है, जैसे हमारे जीवन में महत्वाकांक्षा एक श्रृंगार के रूप में प्रतीत होती है। ईश्वर अगर महत्वाकांक्षी न होता तो सृष्टि का निर्माण न करता। महत्वाकांक्षा जन्म देती है विचारों के निर्माणों को। इस शब्द के बिना किसी भी चीज का निर्माण नहीं हो सकता। महत्वाकांक्षा बीज के रूप में विद्यमान होती है, जो कि आगे

जाकर चीजों का आविष्कार करती है। हमारे जीवन में महत्वाकांक्षा का होना उतना ही जरूरी है जैसे कि एक छोटा बच्चा अपनी महत्वाकांक्षा में अपनी माँ से चाँद तक को लाने की जिद करता है, वैसे ही इच्छा या महत्वाकांक्षा हमारे अन्दर होनी चाहिये। जीवन में सफल होने के लिये व्यक्ति के अन्दर सृजन करने की इच्छा तभी जगेगी, जब वह महत्वाकांक्षी होगा। कहीं–न–कहीं अच्छे रूप में या बुरे रूप में यह समझाया या बताया जाता है कि जीवन में सन्तुष्ट हो जाना चाहिये जबकि जीवन की गति यहीं आकर रूक जाती है और व्यक्ति सन्तुष्ट होकर जीवन जीने लगता है। आज हम पलट कर देखें तो हमारे आस–पास जितने भी आविष्कार हुए है, वह सभी कहीं–न–कहीं महत्वाकांक्षी रहे होंगे चाहे वो मेडिकल का क्षेत्र हो जिसमें आज उन सभी बीमारियों का इलाज सम्भव है जिसे कभी लाइलाज कहा जाता था।

जिस रोशनी में हम रहते हैं, उस रोशनी को देने वाले थाम्स ऐडिसन भी महत्वाकांक्षी थे, अगर महत्वांकाक्षा उनकी प्रेरणा न होती तो एक बार विफल होने पर ही वह हिम्मत हार कर बैठ जाते और आज जिस रोशनी में हम रहते हैं, वहाँ सब अंधकार होता। चाहे ऐवरेस्ट की चोटी तक जाना हो या चन्द्रमा पर पहुचँना। महत्वाकांक्षा का स्तर इतना ऊँचा होना चाहिये कि वह जुनून का रूप लेकर आपको आगे बढ़ाएं। लेकिन यहाँ मैं महत्वाकांक्षा को दो भागों में बाँटना चाहूँगी एक वो महत्वाकांक्षा जिससे कि आप खुद और दूसरे लोगों को फायदा पहुँचाये और उसका लाभ उठाये।

दूसरी वह महत्वाकांक्षा जिसमें कि आप स्वार्थवश ऐसी गलत महत्वाकांक्षायें न पाले जिससे कि आपका नुकसान हो और दूसरे लोग भी आहत हो। कहने का तात्पर्य है कि महत्वाकांक्षा विचारों में लाने से पहले आपको उस महत्वाकांक्षा को सही–गलत के पैमाने में रख कर देखना चाहिये कि हमारी महत्वाकांक्षायें खुद का और दूसरों का भला करने के लिये हो। इतिहास इस बात का गवाह है कि जब किसी व्यक्ति ने किसी गलत भावना से महत्वाकांक्षा को जन्म दिया है, तब–तब विनाश हुआ है।

जिस प्रकार रामायण में इस बात का वर्णन किया गया है कि रावण ने गलत महत्वाकांक्षा की तो उसका परिणाम उसके पूरे परिवार को भुगतना पड़ा और समाज में कलंकित भी होना पड़ा। महत्वाकांक्षा जन्म तो लेती है पर उसे चिन्हित करना हमारा काम है कि वह सही है या गलत। हमें हमेशा सकारात्मक महत्वाकांक्षा के साथ आगे बढ़ना चाहिये।

"ऐ परिन्दे कर हौसला ऊँचे उड़ने का, अभी तो तुझे फलक तक जाना है।" - हर्षिता शुक्ला

महत्वाकांक्षा का न होना

महत्वाकांक्षा का न होना लगभग समान है जैसे पंखविहीन पक्षी का होना। वह आसमान में उड़ना तो चाहता है और आसमान की गहराई को छूना भी चाहता है, लेकिन बिना पंख के वह एक सतह से भी ऊपर नहीं उड़ सकता क्योंकि उसके पंख नहीं है। ठीक उसी प्रकार अगर हमारे जीवन में सारी योजनाएँ बनी है, और यदि आप महत्वाकांक्षी नहीं है, तो एक स्तर पर जाने के बाद आप एक स्थान पर आकर रूक जायेंगे क्योंकि महत्वाकांक्षा रूपी पहिया चलायमान होता है और एक लक्ष्य को पूरा कर उसके मन में दूसरी महत्वाकांक्षा जन्म ले लेती है। यदि आपको जीवन में सफल होना है तो अपने जीवन में महत्वाकांक्षओं को जन्म दीजिए। आप जिस घर में रहते हैं, जिस व्यवसाय या नौकरी को कर रहे हैं, अगर उसमें बदलाव व तरक्की नहीं दिख रही है, यदि आपको लग रहा है कि आप जिस स्तर पर है उसमें परितर्वन नहीं हो रहा है।

इससे यह बात साबित होती है कि आपके अन्दर महत्वाकांक्षा नहीं है। अगर महत्वाकांक्षा किसी भी रूप में आपके अन्दर होती है, तो आपके आस–पास बदलाव होना शुरू हो जाता क्योंकि महत्वाकांक्षा कहीं न कहीं परिवर्तन को लाती है और अपने वर्तमान चीजों में अन्तर आना प्रारम्भ हो जाता है। आप महत्वाकांक्षा केवल भौतिक रूप से न सोंचें, एक बच्चे के अन्दर पढ़ाई में प्रथम आने की महत्वाकांक्षा होनी चाहिये, शरीर को एवं मस्तिष्क को स्वस्थ रखने की महत्वाकांक्षा होनी चाहिये। केवल बाहरी रूप से किसी भी व्यक्ति की सफलता देख कर उसके जैसा बनने की महत्वाकांक्षा रख लेना आपको सफल नहीं बनाती है, बल्कि अपने अन्दर दृढ़ विश्वास रख के महत्वाकांक्षाओं को जन्म देना चाहिए और सफलता की ओर बढ़ना चाहिए। अगर हम अपने जीवन में महत्वाकांक्षाओं को जिन्दा रखते हुए उन्हें मरने नहीं देते तो निश्चित ही आप जीवन में बड़ी सफलता भी पा लेंगे।

रिश्ते

रिश्ते वह रेशम के धागे है, जिनमें जो एक बार उलझ जाये तो इन्हें सुलझाना मुश्किल होता है। किताब में लिखे सभी विषयों में से रिश्तों के बारे में लिखते हुए मुझे बहुत ही अच्छी **Feeling** हो रही है। जीवन में विरासत में मिल हुए रिश्ते जैसे कि हमारे माता–पिता, भाई–बहन जिन्हें ईश्वर ने हमें दिया और वह रिश्ते, जिन्हें मैंने बनाया और वर्तमान में मैं उन सभी रिश्तों को उतनी ही अहमियत देती हूँ जितना कि उस रिश्ते को बनाते वक्त मैंने दी थी। लोग कई बार स्वार्थवश कुछ रिश्ते बिना सोचे–समझे बना तो लेते हैं लेकिन उन्हें समय के साथ दूर तक नहीं ले जा पाते। मैं ईश्वर से प्रार्थना करती हूँ कि मेरे पूर्व में वर्तमान में और भविष्य में आने वाले रिश्तों को अहमियत दूँ। रिश्तों में विश्वास होना जरूरी है। आज बदलते परिवेश में रिश्तो की परिभाषा को व्यक्ति भूल चुका है, उन्हें रिश्तों की अहमियत और मर्यादा को समझना चाहिये। यदि उन्हें जीवन में सफल होना है तो आपके रिश्ते मजबूत होने चाहिये क्योंकि अगर आप किसी भी व्यक्ति से, एक मजबूत रिश्ते के साथ जुड़े है तो वह व्यक्ति आपके लिये हमेशा तत्पर आपके साथ रहेगा इसकी समझ हमें तब आती है, जब कहीं–न–कहीं हम उस रिश्ते को खो चुके

होते हैं। हमारे शरीर में वैसे तो पहला स्थान बुद्धि का है परंतु रिश्ते बुद्धि से नहीं चलाए जाते। इनमें आपको सामने वाले की सुविधा और स्थिति और आपके प्रति जुड़ाव को भी देखना पड़ता है। यहाँ मैं आप सबको रिश्तों के बारे में कुछ समझाने जैसे नहीं लिख रही हूँ क्योंकि रिश्ते उसे स्वाभाविक मिले होते हैं, उन्हें केवल संभालना होता है और जो रिश्ते आप अपने समय आने पर बनाते हैं, वह रिश्ते आपके द्वारा बनाये गये होते हैं, तो संभालना भी आप ही की जिम्मेदारी है। जैसे एक पति–पत्नी का रिश्ता। जब यह एक साथ होते हैं तो जीवन में मधुरता होती है, उस जगह आप सफल नहीं कहे जा सकते क्योंकि व्यक्ति को कहीं–न–कहीं आगे बढ़ने की प्रेरणा और बल अपने परिवार से प्राप्त होता है। आपका पहला दायित्व है कि आप अपने परिवारिक स्तर पर अच्छे हो, इसके बाद आप अपने मित्रों को जाने क्योंकि जब बचपन से लेकर बड़े होने तक बाहरी दुनिया में मित्र ही एक ऐसे सम्बन्ध को दिखाता है, जिसमें खून का रिश्ता तो नहीं होता है लेकिन जीवन में वो बहुत सारे क्षण, जिसमें वह अपने परिवार के अलावा अगर अपने जीवन में किसी चीज को साझा करता है तो अपने मित्र के साथ। इससे आपको मनोबल के साथ चीजों को समझने के लिये भी एक समझ और भी मिलती है। अब आप सोच रहे होंगे कि क्या मैं रिश्तों पर ही बात करूंगी? ऐसा नहीं है जीवन में ये एक ऐसा पहलू है कि जिसके बारे में जितनी बात की जाये या लिखा जाये वह कम है और सफलता में रिश्ते एक अहम कड़ी साबित होते हैं।

> "रखिए उम्मीद रिश्तों के दरमियाँ इतनी, टूट जाये उम्मीद तो भी रिश्ता बरकरार रहे।"
>
> - हर्षिता शुक्ला

कार्य क्षेत्र में रिश्ते

अब हम बात करेंगे व्यक्तिगत के बाद प्रोफेशनल जीवन में रिश्तों का महत्व एवं उसके प्रति जिम्मेदारियाँ। आप किसी व्यवसाय को कर रहे हो उस स्थान पर आपका अपने कस्टमर के साथ **Relation** कैसा है। आपके **Client** के साथ आपके सम्बन्ध तभी अच्छे हो सकते हैं, जब आपके द्वारा दी गई सेवा से वह सन्तुष्ट हो। आज के युग में कम्पनियाँ नित नये तरीके बनाती है जिससे कि कस्टमर का रिश्ता कम्पनी से मजबूत हो क्योंकि अगर कस्टमर का रिश्ता उस कम्पनी से मजबूत है तो व्यापारिक

स्तर पर आपको व्यवसाय में फायदा पहुँचना तय है। इसलिये केवल एक बार कस्टमर बना लेना कोई बड़ी बात नहीं है, यदि आप उसके साथ लम्बे समय तक जुड़ते हैं तो आपकी कम्पनी में ग्रोथ होना तय है। अधिकतर यह पाया गया है कि ज्यादातर Business man और कस्टमर के बीच का रिश्ता मधुर नहीं होता है और वह इस बात को समझ नहीं पाता है कि कस्टर के साथ रिश्तों का फर्क उसके व्यापार पर फर्क डलता है। इसके साथ ही अगर आप किसी जॉब से जुड़े है तो कार्य स्थल पर आपका व्यवहार या रिश्ते आपके सहकर्मियों से, कम्पनी से और बॉस से अच्छे होने चाहिये, केवल कम्पनी के प्रति वफादारी आपको ऊपर नहीं पहुँचायेगी बल्कि आपको कार्य स्थल पर अपने सहकर्मियों को भी साथ लेकर और कम्पनी से जुड़े कार्य को साथ लेकर चलना होगा। कार्य क्षेत्र में भी उसके वातावरण में भी आपको सहयोग तभी मिलेगा जब आप अपने सहकर्मियों से एक अच्छा रिश्ता निभायेंगे क्योंकि सफलता में बहुत Progress आपको तभी मिलेगी जब आप रिश्तों पर विजय प्राप्त कर लेंगे।

रिश्ता आत्मा से

यहाँ हमने व्यक्तिगत, परिवारिक कार्य क्षेत्र, सभी रिश्तों के बारे में चर्चा की। व्यक्ति के अर्न्तमन में झांके तो उसका खुद के प्रति रिश्ता कैसा है, क्योंकि हम स्वयं अन्दर से जब तक सन्तुष्ट नहीं होंगे तब तक बाहरी दुनिया में हम कुछ नहीं कर सकते। व्यक्ति के सामने ऐसा बहुत बार होता है, जहाँ उसे आत्मा के साथ प्रतिद्वंद करना पड़ता है। वो इसलिए क्योंकि हमारा अर्न्तमन कई बार हमें कुछ काम करने की इजाजत नहीं देता है। ऐसा इसलिये होता है कि हमारी समझ हमें कुछ और करने को बोलती है और हम कुछ और कर रहे होते हैं। यहाँ हमें खुद के अर्न्तमन से एक अच्छा रिश्ता बनाना है कि आपका अर्न्तमन आपको सहयोग करे जिससे कि बाहरी दुनियाँ में आप सफल होने में सफल निर्णय ले सकें। उदाहरणः– पढ़ाई पूरी करने के बाद एक छात्र एक बहुत बड़ी कम्पनी में

नौकरी पाने की चाहत में इंटरव्यू देने के लिए पहुँच गया, उस छात्र ने एक इंटरव्यू तो पास कर लिया अब दूसरा और फाइनल इंटरव्यू कम्पनी के डायरेक्टर को लेना था और उसे ही तय करना था कि उसे जाब दी जाए या न दी जाए डायरेक्टर ने उस छात्र का C.V. देखा कि पढ़ाई के साथ–साथ अन्य बहुत सारी Activity में भी वह Best है या नही।

डायरेक्टर : क्या तुम्हें कभी पढ़ाई के दौरान छात्रवृत्ति मिली।

छात्र : जी नहीं।

डायरेक्टरः इसका मतलब है कि तुम्हारी पढ़ाई का खर्च तुम्हारे पिता जी देते रहे होंगे।

छात्रः जी हाँ सर।

डायरेक्टरः तुम्हारे पिताजी क्या काम करते हैं।

छात्रः– वह लोगों के कपड़े धोते हैं। यह बात सुनकर कम्पनी के डायरेक्टर ने कहा जरा बेटा अपने हाथ तो दिखाना, छात्र के हाथ बेहद नरम और मुलायम थे।

डायरेक्टरः क्या तुमने कपड़े धोने में अपने पिता जी की मदद की है?

छात्रः नहीं सर वह तो चाहते थे, मैं केवल पढ़ाई करूँ ज्यादा से ज्यादा पढ़ूं और हाँ सर एक बात और मेरे पिता जी बहुत तेजी से कपड़े धोते हैं।

डायरेक्टरः क्या मैं तुम्हें एक काम कह सकता हूँ।

छात्रः जी सर बोलिये।

डायरेक्टरः आज घर वापसी के बाद अपने पिता जी के हाथ धोना फिर कल सुबह मुझसे आकर मिलना। छात्र ये सुनकर प्रसन्न हो गया कि अब तो नौकरी मिलना तय है क्योंकि डायरेक्टर ने दोबारा मिलने बुलाया है। छात्र ने घर आकर खुशी से यह सारी बात बताई और पिता जी से हाथ दिखाने को कहा। छात्र ने पिता के हाथों को धोना शुरू किया कुछ ही देर में उसके आँखों से आंसू बहने लगे पिता के हाथ रेगमाल की तरह सख्त और जगह–जगह से कटे थे। छात्र को जिन्दगी में पहली बार एहसास हुआ कि उसके पिता ने कितनी कड़ी मेहनत के साथ उसकी पढ़ाई को पूरा किया और उस दिन बचे हुए सारे कपड़े भी धो डाले अगली सुबह छात्र उस कम्पनी के डायरेक्टर के पास पहुँचा।

डायरेक्टरः कैसा रहा कल का अनुभव।

छात्रः जी सर मैंने जिन्दगी का वास्तविक अनुभव सीखा। मैंने रिश्तों की अहमियत पहली बार इतनी शिद्दत से महसूस की।

डायरेक्टरः यही सब है जो मैं अपने मैनेजर में देखना चाहता हूँ। यह नौकरी मैं केवल उस व्यक्ति को दूँगा, जो हर दूसरे व्यक्ति की मदद करे और रिश्तों की अहमियत को समझे। दुनियाँ का सबसे पहला रिश्ता माता–पिता का होता है। उनका सम्मान करें तभी आप एक सफल व्यक्ति कहलायेंगे रिश्ते तो बिल्कुल चुनौती नहीं बनते हैं सफलता के लिये।

स्वास्थ्य

स्वास्थ्य एक गम्भीर विषय है क्योंकि हम जीवन में हर जगह सचेत और तत्पर रहते है। केवल अपने स्वास्थ्य के प्रति गम्भीर नहीं होते। जिसका परिणाम यह होता है कि कई बार हम अपने लक्ष्य तक जाते–जाते भी वहाँ तक पहुँच नहीं पाते, क्योंकि समय रहते अगर हमने अच्छी आदतों का प्रयोग करना नहीं सीखा तो हमें बुरी आदत पड़ना स्वाभाविक है। जिसे आधुनिक युग में व्यक्ति ने अपने आप को एक मशीन का रूप बना लिया है, जिससे हम अपने शरीर से काम तो लेते हैं लेकिन उसे कुछ देते नहीं है। प्रतियोगिता के युग में व्यक्ति एक–दूसरे से आगे बढ़ने की होड़ में अपने स्वास्थ्य को कहीं बहुत पीछे छोड़ चुका है। जबकि

स्वास्थ्य ही एक ऐसी चीज है, जो आपको लम्बी आयु देता है, जिसके बारे में हम बात नहीं करते। आज चारों ओर स्वास्थ्य सम्बन्धित Activity होती है क्योंकि एक अच्छा शरीर ही एक अच्छे मन को जन्म देता है।

एक स्वस्थ शरीर में ही एक स्वस्थ दिमाग होता है। आज कई सारे देश योगा दिवस तक मनाते हैं, इसके पीछे कारण है कि लोग इसे अपनी दिनचर्या में लाये और स्वस्थ हो। आजकल हमें अपने आस–पास देखने में यह मालूम चलेगा कि जिस तरह Medical में कई सफल इलाज तो आ चुके हैं और ऐसी बहुत सारी भयानक बीमारियां भी जन्म ले चुकी हैं, जो कि उम्र नहीं देखती तो क्या हम स्वास्थ्य को नजर अंदाज करके सफलता की तरफ बढ़ पायेंगे।

"स्वस्थ्य शरीर ही सफलता की कुंजी है।"

- हर्षिता शुक्ला

कैसे रहें स्वस्थ

स्वस्थ रहने के लिए हमें कुछ बातों का विशेष रूप से ध्यान रखना पड़ेगा जैसे नियमपूर्वक खान–पान और स्वास्थ्यवर्धक आहार लेना सबसे पहले आता है। अपने इस व्यस्त जीवन में कुछ समय विशेष रूप से निकालकर ''योगा'' को अपनी दिनचर्या में लाना क्योंकि हम अच्छे स्वास्थ्य को एक दिन में नहीं पा सकते हैं। इसके लिए रोजाना छोटी–छोटी चीजों को शुरू करके एक अच्छे स्वास्थ्य को पाया जा सकता है लेकिन उसके लिये आपको ही नियमबद्ध होना पड़ेगा क्योंकि अगर आप स्वस्थ नहीं है तो सफलता आपके लिये एक चुनौती बन सकती है।

सकारात्मक सोच

यहाँ आज हम बात करेंगे सकारात्मकता की यानी कि वह चीज जो आपकी मदद करती है, सफल होने में और इसके द्वारा आप तनाव रहित रहते हैं। आपको काम करने को लेकर तनाव नहीं होता है क्योंकि जिस काम में Positivity नहीं होगी, उस काम में आप तनाव से भरे होंगे यानी कि सकारात्मकता हमें लोगों से जोड़ती है। साथ ही आपको Pro Active Action (आगे बढ़ने के लिये सक्रिय करना) और ये विचारध

ारा हमें एक हेल्थी वातावरण को बनाने में सहायक होता है। इसके द्व ारा आप एक सही मैनेजमेन्ट गुरू की तरह काम करते है। यह आपको Improve करता है। समयानुसार काम करने को यानी कि एक सकारात्मक व्यक्ति के अन्दर जितनी ऊर्जा होती है। वह किसी नकारात्मक व्यक्ति के अन्दर नहीं हो सकती और सकारात्मक व्यक्ति एक अच्छे Relation बनाये रखता है, साथ ही आपको हमेशा ऊर्जा देता है कि आप हमेशा कुछ नया Create करें। एक Positive Attitude आपको मदद करता है। रोजाना के जीवन में होने वाली समस्यायों की चिन्ता करने की जगह उस समस्यायों को दूर करने के बारे में प्रयास करें क्योंकि अगर आप एक समाधान का हिस्सा नहीं है, तो आप खुद एक समस्या हैं। जो व्यक्ति समाधान पर काम नहीं करता है वह व्यक्ति सफलता को नहीं पाता है। सकारात्मकता सफलता की एक बहुत बड़ी कुंजी है। हमेशा Positive रहने की कोशिश से आप खुद में पायेंगे कि आप धीरे–धीरे सफल हो रहे हैं। Positive Attitude लाता है :–

1. सकारात्मक सोच (Posivite thinking)
2. क्रिएटिव सोच
3. मोटिवेशन
4. खुशी
5. आशावादी

एक सकारात्मक सोच का ढाँचा आपको मदद करता है कई तरीके से पहला :–

1. सफल होने की प्रेरणा और असफल ना होना।
2. प्रेरित करना।
3. ताकत देना चुनौतियों से लड़ने की।
4. अपने आप में आत्मविश्वास भरना।
5. समाधान देना।
6. अवसर पहचानना।

एक सकारात्मक सोच खुशी और सफलता से कहीं आगे जाकर आपके पूरे जीवन को बदल देती है और एक प्रकाश देती है। जो आपके आस़–पास के लोगों को और माहौल को रोशनी से भर देता है। सब कुछ एक अलग चमक और अनुभूति का एहसास देता है, जिससे कि आप केवल एक निश्चित दायरे से बाहर आकर पूरे संसार में फैल कर इस सफलता को प्राप्त कर लेते है। यदि आप सकारात्मक सोच के साथ काम करते हैं तो आपको सफल होने में चुनौतियाँ कम मिलेंगी।

"सकारात्मक सोच मानवजीवन को सुदृढ़ बनाती है।"

- हर्षिता शुक्ला

आत्मविश्वास

मित्रों! आत्मविश्वास जिसके दम पर बहुत सारे लोगों ने सफलता को पाया है। यह एक ऐसी महत्वपूर्ण चीज है, जिसके दम पर विजय प्राप्त की जा सकती है क्योंकि यही एक ऐसी चीज होती है, जिसके साथ आप आगे बढ़ते हैं और चीजों को प्राप्त कर पाते हैं। आज जहाँ हम बच्चों को एक अच्छी शिक्षा तो देना चाहते हैं, लेकिन उनका Self Confidance बढ़ाने के लिये कुछ भी नहीं करते। कई बार देखा जाता है कि Merit में आने वाला बच्चा भी कम्पनी इंटरव्यू में फेल हो जाता है क्योंकि उसके अन्दर बाकी तो सभी चीजे मौजूद होती हैं लेकिन आत्मविश्वास की कमी होती है, जिसके कारण वह इंटरव्यू में सफल नहीं हो पाता है। जब तक हमारे पास आत्मविश्वास नहीं होगा तब तक हम किसी भी क्षेत्र में सफल

नहीं हो सकते। आप जिन भी सफल लोगों के बारे पढ़ेंगें तो आप पायेंगे कि उनके जीवन में बहुत सारी कमियाँ तो थी लेकिन अगर उन्हें कुछ भी आगे लेकर गया तो वह है उनका आत्मविश्वास। जिसके दम पर उन्होंने दुनियां जीती। यहाँ सबसे महत्वपूर्ण है कि आपके अन्दर वो सारे गुण हैं लेकिन अगर आपको आत्मविश्वास की कमी महसूस होती है, तो आपको सबसे पहले उसे ठीक करके आगे बढ़ना होगा। हमारे देश में ऐसे बहुत सारे उदाहरण हैं, जिनके अन्दर शारीरिक अक्षमतायें होने के बावजूद भी, उन्होंने केवल आत्मविश्वास के दम पे जीत हासिल की। किसी भी कार्य को करने के लिये आत्मविश्वास को बढ़ाना कितना जरूरी है, यह बात हम सब जानते हैं और सफलता का पैमाना अपने आत्मविश्वास को समझने के लिये आप ऐसे समझ सकते हैं कि जैसे एक दलदली जमीन पर अगर कोई खूंटा गाड़ना हो तो वह कुछ समय तक खड़ा तो रहेगा लेकिन बहुत ही जल्द अन्त में छूटकर गिर जायेगा। कहने का मतलब है कि दलदल में खूंटा गाड़ना तो बहुत सरल है लेकिन उसे खड़ा रखना कठिन, जबकि इसके उलट ठोस जमीन पर खूंटा गाड़ने के लिये आपको मेहनत तो करनी पड़ेगी, गड्ढा खोदना पड़ेगा तब जाकर आप उस खूंटे को गाड़ पायेंगे और वह सालों तक इसी प्रकार गड़ा रहेगा क्योंकि जमीन ठोस है जिस पर हम ज्ञान रूपी खूंटा गाड़ सकते हैं। आत्मविश्वास का अर्थ अपने आप में, अपनी आत्मा पर विश्वास करना है। जब हमारे अन्दर आत्मविश्वास की ठोस सतह तैयार हो जाती है, तब हम जो कुछ भी सुनते, पढ़ते हैं या जो भी कार्य करते है, उन सभी पर हमारी पकड़ मजबूत होती चली जाती है। ठीक इसके विपरीत यदि हम अन्दर से डरे हुये हैं, अन्दर से कमजोर महसूस कर रहे हैं तो हम आत्मविश्वास को खो रहे हैं।

> "खुद पर विश्वास करो आत्मविश्वास बढ़ेगा।"
>
> \- हर्षिता शुक्ला

कैसे बढ़ायें आत्मविश्वास

सबसे पहले अपने आप पर विश्वास कि ''हाँ'' मैं यह कर सकता हूँ। इस शब्द से आपको एक शक्ति, एक ऊर्जा मिलती है और आप महसूस करते हैं कि आप कोई भी कार्य कर सकते हैं। जैसे जब हम आत्मविश्वास से भरे होते हैं तो हमारी चाल–ढाल में एक गजब का आकर्षण आ जाता है और हर बात हम ठीक तरह से समझ पाते हैं। ठीक उसी तरह जब आपमें आत्मविश्वास होता है तो आप पूर्णरूप से जागरूक होते हैं तो अपने मन में कभी भी, किसी भी तरह के डर को जन्म न लेने दें और आत्मविश्वास का दीया हमेशा जला कर रखे क्योंकि यही चीज आपको सफलता तक लेकर जायेगी।

सीखः—मैंने यह शिक्षा अपने जीवन में उतारी और इसके द्वारा मैं परिणाम चाहूंगी। एक बार एक व्यक्ति परेशान, हताश होकर गुरू नानक साहेब के पास पहुँच जाता है और कहता है कि मैं जीवन में कुछ नहीं कर पा रहा हूँ और मुझे कोई नहीं मानता तो गुरू जी आप ही बताएं कि मुझे क्या करना चाहिये और एक टक उनके ओर निहारता है। तब गुरू नानक साहेब बड़े ही प्यार से मुस्कुराते हुए उस व्यक्ति को अपने पास बुलाते हैं और बोले कि बेटा मेरी बात को ध्यान से सुनो और उससे कहते है कि अपनी हथेली आगे बढ़ाओ वह बढ़ाता है, तब गुरू नानक साहेब उसके हथेली में नायब लाल मोती रखते हैं और कहते हैं कि तुम इसे लेकर बाजार में जाओ और इसका मूल्य पता लगाओ, लेकिन एक बात ध्यान रखना कि तुम्हें वह पत्थर किसी भी कीमत पर बेचना नहीं है। वह जाता है और फिर बाजार में उसकी कीमत लगाने के लिये वह एक फल बेचने वाले के पास पहुँचता है और वह मोती दिखाता है और कहता है कि इसका मूल्य बताओ। फलवाला उस मोती को देखकर अवाक रह जाता है और उस व्यक्ति से कहता है कि यह मोती तुम्हें कहाँ से मिला यह तो कोई दुर्लभ पत्थर मालूम होता है। तुम इसे मुझे दे दो इसके बदले एक दर्जन केले ले लो, लेकिन वह व्यक्ति निकल जाता है फिर वह वहाँ से एक बड़े गेहूँ व्यापारी के पास जाता है और उस पत्थर को दिखाकर उसका मूल्य पूछता है तो वो व्यक्ति चौंक कर इस व्यक्ति से पूछता है कि यह तुम्हें कहाँ से मिला यह मोती मुझे दे दो और बदले में एक बोरा गेहूँ ले लो, जब वह व्यक्ति उसकी पूछी गई बात का उत्तर नहीं देता है, तो वह कहता है कि अगर तुम्हें इसकी कीमत कम लग रही हो तो मैं तुम्हें और अनाज की बोरियां दे सकता हूँ। वह व्यक्ति इस बात पर कुछ नहीं बोलता और वहाँ से चला जाता है। आखिरकार वह एक शहर के बहुत बड़े हीरा व्यापारी के पास पहुँच जाता है और डरते हुए उस पत्थर को दिखाता है और उस पत्थर को देखते ही हीरा व्यापारी भौचक्का रह जाता है कि यह पत्थर तो कोई आम पत्थर नहीं है। यह सच्चा रूबी है। यह देखते ही वह व्यापारी उस व्यक्ति से कहता है कि मैं तुम्हें इसकी कीमत नहीं दे सकता हूँ। इस

पूरी कायनात में कोई भी व्यक्ति इसकी कीमत तुम्हें नहीं दे पायेगा। उस व्यापारी की यह बात सुन कर वह वहाँ से गुरू जी के पास आ जाता है और गुरू जी को सारी घटनाओं को क्रम अनुसार बताता है। उस समय गुरू नानक साहेब के मुख पर गजब का तेज और मन्द–सी मुस्कुराहट होती है और वह उस व्यक्ति से कहते हैं कि जिस प्रकार आज तुमने इस मोती के बारे में यह जाना कि इसका मूल्य इस धरती पर कोई दूसरा नहीं लगा सकता, ठीक उसी प्रकार व्यक्ति की कीमत भी कोई दूसरा नहीं दे सकता। आप अनमोल है, यह आपको समझना होगा और अपनी कीमत खुद तय करनी होती है। आपको अपने अन्दर यह विश्वास रखना होगा कि आप दुनियां में सब कुछ कर सकते हैं और कोई आपका मोल नहीं लगा सकता।

धन

मित्रों जैसा कि विषय को शुरू करने से पहले ही मैं आपको बता दूँ कि जिस विषय पर हम बात करने जा रहे हैं, वह बहुत–ही रोचक और हमारे जीवन में महत्वपूर्ण स्थान रखता है। आज के समय में यह मात्र विनिमय का साधन नहीं रह गया। आर्थिक आजादी के लिये ही हम आप जीवन में संघर्ष करते हैं लेकिन जो लोग धन को विशेष रूप से सही उपयोग में नहीं लाते हैं। वह जीवनभर संघर्ष करते हैं, इसका मतलब धन को कमाने में जितना प्रयास व संघर्ष हम लोग करते हैं उतना ही संघर्ष उसे बढ़ाने में भी करना पड़ता है। दूसरे शब्दों में धन के बिना आप जीवन की कल्पना भी नहीं कर सकते। शिशु के जन्म होने से लेकर व्यक्ति की मृत्यु तक धन की उपयोगिता देखी जा सकती है। बिना धन के अच्छी शिक्षा प्राप्त करना, अच्छे अस्पताल में इलाज कराना,

अच्छा जीवन स्तर बनाये रखना। आप बिना धन के न तो भौतिक चीजों का सुख प्राप्त कर सकते हैं, न ही सामाजिक स्तर प्राप्त कर सकते हैं और तनावमुक्त भी नहीं रह सकते हैं। आप धन की कमी को लेकर केवल उसके बारे में सोंचेंगे तो आप कभी अमीर नहीं बन सकते हैं। आप आर्थिक आजादी पाने के लिये सही कार्य का चुनाव अपनी कार्य कुशलता के अनुसार नियमपूर्वक करेंगे तभी आप आर्थिक रूप से समृद्ध हो पायेंगे और आर्थिक आजादी आपको मिल पायेगी। मित्रों धन भी एक चुनौती है सफल होने के लिये।

धन का अभाव

सफलता में जितने भी सूत्र होते हैं, उनमें सबसे महत्वपूर्ण धन होता है क्योंकि अक्सर व्यक्ति केवल और केवल धन के अभाव में सोच बैठता है कि धन की कमी मुझे कभी सफल नहीं होने देगी। यह बात पूर्णतः सत्य नहीं है। धन होना आवश्यक जरूर है, लेकिन धन की कमी व अभाव में आप सफल नहीं हो सकते ऐसा नहीं है। बहुत सारे पूँजीपति जिनके पास पर्याप्त से कहीं ज्यादा धन है, क्या आप उन्हें सफल मानते हैं क्योंकि केवल धन जमा करके आप सफलता की श्रेणी में नही आ सकते। मेरा ऐसा मानना है कि धन न होना आपको पीड़ा देता है और इस हद तक परीक्षाएँ लेता है कि व्यक्ति टूटने की कगार तक पहुँच जाता है, लेकिन इसका मतलब यह नहीं है कि आप सफल नहीं हो सकते हैं। अपने आस–पास के माहौल में और समाज में ऐसे अमीर लोगों को देखें जिन्होंने धन के अभाव में अपनी हिम्मत और बल को

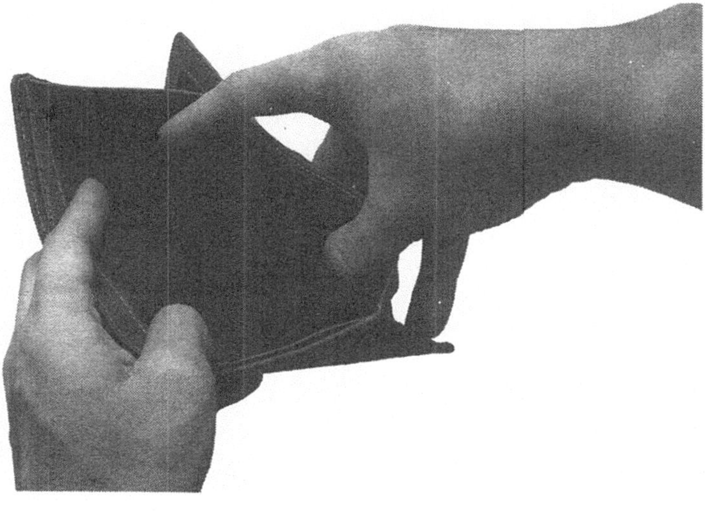

न तोड़ते हुये आज अपने को सफल व्यक्ति की श्रेणी तक पहुँचाया। जब आपकी योजना या Plan शक्तिशाली या दमदार होगा तो उसे धन स्वतः ही मिल जायेगा अगर आप ऐसा महसूस करते हैं कि धन के अभाव के कारण आप सफल नहीं हो पा रहे तो अपने में और अपने कार्य करने के तरीकों में बदलाव लाये। बहुत से व्यक्तियों को यह लगता है कि धन केवल गलत रास्तों से कमाया जा सकता है तो ऐसा नहीं हैं। सारी दुनिया में जितने सफल लोग हैं, उनके पास धन तो है ही और एक पहचान भी क्योंकि उन्होंने एक ऐसा रास्ता चुना। जिसमें उन्हें बहुत सारे संघर्ष एवं समस्याएँ तो मिली लेकिन उन सभी चुनौतियों का सामना करते हुए उन्होंने सफलता के शीर्ष को छुआ। इसके लिये जरूरी नहीं है कि किसी भी व्यवसाय में बहुत सारा निवेश ही व्यवसाय को सफल बनाये, इसकी गारंटी होना मुश्किल है। आप जिस भी स्तर से काम या व्यवसाय शुरू करते हैं उसमें कुछ नयापन यानी परिवर्तन होना जरूरी है। परम्परावादी व्यवसाय सफल होने के लिये जरूरी नहीं है आज समय की परिभाषा बदल चुकी है मार्केट में New Concept एवं नयी चीजों का स्वागत किया जाता है और लोग उसे पसन्द भी करते हैं यानी इससे ये परिभाषित होता है कि सफल होने में धन की कमी कोई बाधा नहीं है। अब पाठकों के लिये जो कि किसी नौकरी से जुड़े हैं। वह औपचारिक रूप से अपनी नौकरी को करने की बजाए उस नौकरी को जो भी समय दे। उसमें मन लगा कर उस कार्य को सम्पन्न करें। जिससे कि आपको प्रमोशन मिलेगा और धन का अभाव भी खत्म होगा। जितना महत्वपूर्ण धन कमाना है, उतना महत्वपूर्ण धन को बचाना भी है। कहा जाता है कि अति किसी भी चीज की बुरी होती है यानी जरूरत से ज्यादा किया गया कोई भी कार्य हानिकारक हो जाता है। जैसे धन को जमा करना ही मात्र सफल तरीका नहीं है। धन की जरूरत व्यक्ति के सफल होने के लिये जहाँ–जहाँ पड़े, उस समय धन को उपयोग में लाना चाहिए, जैसे अपने आप को शिक्षित करने में, पर्सनैलिटी को निखारने में और जो भी संसाधन आपको सफल

बनाने में सहायक हैं, उन सभी चीजों पर धन खर्च करना चाहिए। इन सभी चीजों का परिणाम यानी आपको फायदा प्राप्त होता है, जो कई गुणे में वापिस आता है। मेरी ये कामना है कि जो भी लोग इस पुस्तक को पढ़ रहे हों वह सफल और आर्थिक रूप से आजाद हो।

"पैसे के बारे में सोचने के बजाय, पैसे के बारे में काम करना शुरू कर दें।"

- हर्षिता शुक्ला

परिश्रम

मेहनत ही सफलता की कुंजी है, जिसका पारिस्परिक अर्थ परिश्रम है जिसे हमने अपने बचपन में पढ़ा है और हमारे गुरू और हमारे माता–पिता ने भी इस शब्द के बारे में हमें बताया है। जिस तरह से सफलता को पाने की तीव्र इच्छा तो हर व्यक्ति के मन में होती है, लेकिन वो सफलता का रास्ता, मेहनत के पुल से होकर ही गुजरता है। केवल सफलता की

इच्छा और कल्पना तो हर दूसरा व्यक्ति करता है लेकिन कहीं–न–कहीं उस सफलता के लिए की जाने वाली कठोर मेहनत को ध्यान नहीं रखता है। कभी तपती धूप और धरती उसका रूख मोड़ देती है, तो कभी तेज बारिश और अंधेरा उसका रास्ता बदल देते हैं और नींद को हरा देने की क्षमता उसके अन्दर खत्म हो जाती है और कभी–कभी इंसान भूख–प्यास को बर्दाश्त नहीं कर पाता। सैकड़ों लोग घर से निकलते तो सफल होने के लिये ही है, लेकिन उनमें से चुनिंदा चन्द लोग ही सफल हो पाते हैं या यूँ कहें कि ये वो लोग होते हैं, जो परिश्रम से जी नहीं चुराते। बचपन से ही हमें सफलता का पाठ पढ़ाया तो जाता है और यह भी बताया जाता है कि सफलता का कोई (Shortcut) नहीं होता। जिस लक्ष्य को हम मेहनत के साथ हासिल करते हैं, उसी पर हमें महसूस होता है। याद कीजिये बचपन के उन दिनों को जब आप परीक्षा के दिनों में दिन–रात जगकर पढ़ाई करते थे और जब परीक्षाफल आता था, जिसमें कि हम सफल होते थे। उस क्षण की, उस वक्त की अनुभूति को शब्दों में बताना असम्भव होता है क्योंकि जब हम सफलता के परिणाम को देखते हैं तो हम सारी मेहनत और कठिनाइयों को भूल जाते हैं। एक माँ बहुत–ही पीड़ा और शक्ति के साथ एक जीवन को जन्म देती है, लेकिन जब वह उस जीवन को अपने हाथों में लेती है तो सारी पीड़ा, सारा दुःख और तकलीफ को एक क्षण में भूल जाती है। हम अगर इस धरती पर आये हैं, यानी कि हमें जन्म लेते हुए भी परिश्रम करना पड़ता है। जब बच्चा, माँ की कोख से बाहर आता है तो वह भी परिश्रम करता है। इस प्रकार पूरे संघर्ष के बाद वो दुनिया में आता है तो हम कैसे भूल जाते है कि हमें सफलता बिना मेहनत के प्राप्त हो जायेगी। मित्रों अगर आपको जीवन में सच में सफलता की जयचिह्न (ट्राफी) को पाना है, तो परिश्रम के बिना वो हमें नहीं प्राप्त हो सकती। इसलिये आपको मेहनत और परिश्रम से दूर भागना छोड़कर उसे अपनी दिनचर्या में लाना होगा। तब आप उस जादू को अपने साथ महसूस करेंगे और आपकी सफलता का मजा दोगुना हो जायेगा। कभी–कभी इंसान सफलता के बहुत करीब आकर घबराकर भ्रमित होकर उस रास्ते से वापिस आ जाता

है। जहाँ से सफलता बहुत करीब होती है तो हमें अपनी हिम्मत और हौसला बरकरार रखना पड़ेगा क्योंकि सफलता की चुनौतियों में परिश्रम भी एक चुनौती है। लेकिन इस चुनौती को बहुत ही सफलतापूर्वक पार किया जा सकता है केवल मेहनत और परिश्रम से।

"परिश्रम का दूसरा विकल्प नहीं, उठो परिश्रम करो।"

- हर्षिता शुक्ला

परिश्रम का महत्व

परिश्रम मानव का सच्चा सौन्दर्य है, संसार में हर आदमी सुख चाहता और संसार का चक्र सुख की खोज के लिये चल रहा है। संसार का यह चक्र अगर एक पल के लिये भी रूके तो प्रलय मच जाये। इस परिवर्तन और परिश्रम का नाम ही जीवन है। कोई भी व्यक्ति अगर सफल होता है तो वह मेहनत व परिश्रम के बल पर। परिश्रम का अर्थ तन–मन से कार्य को करना। जीवन में परिश्रम का सबसे अत्यधिक महत्व है। परिश्रमी व्यक्ति के लिए दुनिया का कोई भी कार्य कठिन नहीं होता, इसी परिश्रम और मेहनत के बल पर आज व्यक्ति प्रकृति को भी चुनौती दे रहा है। परिश्रम का दूसरा नाम सफलता है। किसी महापुरूष ने ठीक ही कहा है "उधौगिन पुरुष सिंह मुपैती लक्ष्मी देवेन देभति का पुरूषः वंदति" अर्थात

परिश्रमी व्यक्ति ही लक्ष्मी को पाता है, सब कुछ भाग्य से मिलता है, ऐसा कायर लोग कहते हैं। कम बुद्धिवाला व्यक्ति भी परिश्रम के कारण सफलता प्राप्त कर लेता है और एक दिन विद्वान बन जाता है। किसी ने ठीक ही कहा है "करत–करत अभ्यास ते जड़मति होत सुजान, रसरी आवत जात ते सिल पर परत निशान"। परिश्रम दो प्रकार का होता है शारीरिक और मानसिक, शरीर द्वारा किया गया परिश्रम, शारीरिक परिश्रम कहलाता है और मानसिक परिश्रम से व्यक्ति का बौद्धिक रूप से विकास करता है। दोनों की समयबद्धता ही जीवन को पूर्ण सफल बनाती है, सफलता परिश्रम पर निर्भर करती है।

नियम

नियम यानी कि किसी कार्य को करने की प्रतिबद्धता। यह पूरा ब्रह्माण्ड केवल नियम पेटिका है यानी नियमानुसार चल रहा है। सफलता का मूल मंत्र है "नियम", नियम कई प्रकार के होते हैं जैसेः– कर्म का नियम, सक्रियता का नियम, कृतज्ञता का निमय। अब हम विस्तार से इन चीजों के बारे में जानेंगे जैसे कि किसी भी योजना को बना लेने से ही आपको सफलता नहीं मिलेगी। जब तक कि अपने कर्म के नियम को नहीं अपनायेंगे जैसे एक वृक्ष से फल प्राप्त करने के लिए पहले हमें बीज, मिट्टी में रोपित करना होता है। फिर नियमपूर्वक उसकी सुरक्षा

व देखभाल करनी होती है, उसके बाद जाकर जब पौधा वृक्ष बनता है तब जाकर व्यक्ति को उससे फल प्राप्त होते हैं। इस बीच अगर व्यक्ति किसी भी नियम को तोड़ता है तो उसे फल प्राप्त नहीं होता। ठीक उसी प्रकार यह हमारे जीवन का सत्य है कि नियम विरुद्ध जाकर हमें सफलता कभी प्राप्त नहीं हो सकती। हमें अपने जीवन में नियम को सर्वोपरि रखना होगा (Every Business Demand Regularity) यानी कि आपकी सफलता नियम में छुपी हुई है। जिस तरह प्रकृति अपने नियम से बंधी है, उसी प्रकार आपको नियम से बंधना होगा। यह नियम जिन व्यक्तियों ने अपने जीवन में बांधे हैं, उन्हें सफलता का स्वाद चखने का मौका मिला है। जो जीवन में सफलता को पाना चाहते हैं। मैं उन लोगों को यह बताना चाहती हूँ कि वो लोग अपने भाग्य और भविष्य के भरोसे बैठे न रहें बल्कि नियमपूर्वक सफलता के लिए सक्रिय रहें। उनकी यह सक्रियता उन्हें प्रबल प्रयास के लिए हमेशा प्रेरित करती रहेगी। जिससे उनमें साहस का और बल का संचार होता रहेगा और वह असफलता के भंवर से पार होकर सफलता तक पहुँच जायेंगे। हमें जितनी सफलता की चाह होती है, उतनी ही परवाह हमें नियम की भी होनी चाहिये। सफलता के लिये आपको मन में सफल होने की कामना करनी होगी क्योंकि नियम के साथ जब भी व्यक्ति पूरे मनोबल से किसी भी कार्य को करता है तो सफलता ज्यादा देर तक उससे दूर नहीं होती। हर व्यक्ति सफलता–सफलता की माला जपता है, लेकिन उसके सिर्फ ऐसा करने से ही वह सफल नहीं होगा, बल्कि उस व्यक्ति को नियमानुसार कार्य करने होंगे और नियमबद्ध तरीके से तब जाकर आपको शत–प्रतिशत सफलता मिल पायेगी। नियम का कोई दूसरा विकल्प नहीं है।

"सफलता नियम मांगती है।"

- हर्षिता शुक्ला

सीख

बाबर ने कई बार भारत पर आक्रमण किया लेकिन वह हर बार असफल रहा। निराश, हताश वह पहाड़ों की गुफाओं में लेटा था, तभी उसका ध्यान एक मकड़ी पर गया जो बार–बार दीवार से छत पर जाने के लिये चढ़ती पर वह गिर पड़ती, लेकिन उसने नियमपूर्वक उस काम को करने का साहस़ नहीं छोड़ा। आखिर में वह छत पर पहुँच गई। बाबर की चेतना में सहस्त्र बिजलियों का प्रकाश कौंध गया और वह मकड़ी उसके लिये प्रेरणा का स्रोत बन गई और उसी वक्त बाबर ने अपने सेनापति को पुकारा और उसी वक्त दोगुने साहस के साथ आक्रमण के

लिये निकल गया और आखिरकार सफल हुआ क्योंकि उसने मकड़ी के द्वारा मिली हुई सीख यानी नियम का पालन करना नहीं छोड़ा जिस कारण वह अपने प्रयास में सफल रहा।

"मित्रों आप सोचिये कि अगर सभी सफल लोग कठिन परिश्रमों से जूझकर इस सफलता पा सकते हैं, तो आप क्यों नहीं।"

\- हर्षिता शुक्ला

लिंगभेद

इस विषय पर बात करने और लिखने से पहले मैं गर्व से कहना चाहती हूँ कि मैं स्वयं एक महिला हूँ। आज यह परिवाद पूरी तरह खत्म हो चुका है कि स्त्री और पुरुष में कुछ अन्तर रह गया है। पूरी तरह से तो नहीं लेकिन आधुनिक समाज में स्त्री–पुरुष को समान रूप से स्वीकार किया जाने लगा है। ऐसा कोई भी क्षेत्र और कोई भी विभाग नहीं रह गया है। जहाँ स्त्रियों की उपस्थिति न हो तो इस बात को कहने में कोई परहेज नहीं है कि स्त्री और पुरुष समाज का एक अहम अंग और बराबर का हिस्सा बन चुके हैं। आज का समाज स्त्री और पुरूष के परस्पर सहयोग से चल रहा है। आज का समाज यह मान चुका है कि स्त्रियों

की सीमा केवल घर की दहलीज तक नहीं रह गयी है तथा पुरूष को अब घर के छोटे–बड़े कामों में सहयोग करने में कोई संकोच होता हो। मुझे ऐसा लगता है कि इस समय समाज इस बात को स्वीकार कर चुका है कि कार्य क्षेत्र में स्त्री और पुरुष परस्पर सहयोगी है। राजनीतिक , शिक्षा, सेवा, फिल्म जगत ऐसे बहुत से क्षेत्रों में दोनों का सहयोग प्राप्त हो रहा है। इससे यह सिद्ध होता है कि स्त्री या पुरूष होना सफलता में चुनौती नहीं है।

स्त्री-पुरुष होना

सफलता की चुनौतियों में व्यक्ति के अन्दर स्त्री या पुरुष होना जिसे वह सफलता में बाधक मानता है। यहाँ पर समझना होगा कि वह स्त्रियाँ जो यह सोचती हैं कि उनका स्त्री होना उनके लिये बाधा है तो यह सोचना गलत है। अलग–अलग सामाजिक परिवेश में स्त्रियों को बहुत सारी मान्यताओं से वंचित किया तो जाता है लेकिन अगर आप शिक्षित हैं दृढ़ विश्वासी हैं और अपने परिवार को भरोसे में रख के कार्य करती हैं तो आपको समस्याओं का सामना नहीं करना पड़ेगा। इसके लिये आपको साहसी, न बोलने वाली महिला के रूप में बनना पड़ेगा

और एक बार जहाँ आपने सफलता प्राप्त कर ली, वहाँ समाज आपको सहज स्वीकार करता है, ऐसी बहुत सारी महिलाओं के उदाहरण आपको देखने को मिल जायेंगे। जिन परिवारों में लड़की होना ही अभिशाप माना जाता था, आज वे महिलायें समाज में सम्मानित की जाती हैं। पुरुष को महिलाओं की अपेक्षा कम पूछा जायेगा ऐसा सोचना एक पुरुष के लिये गलत है। समाज आज स्त्री–पुरूष पर जाकर चुनाव नहीं करता है, बल्कि स्त्री–पुरूष की बुद्धि, क्षमता, कार्य कुशलता के आधार पर चुनाव करता है। मैं As a trainer बहुत सारी MNC Company के साथ उनकी चयन प्रक्रिया को करीब से देख चुकी हूँ, जिसमें कि पदों का चुनाव व्यक्ति की योग्यता पर होता है न कि स्त्री और पुरुष देख के। मित्रों मेरा आपसे कहना है कि अपनी योग्यताओं को बढ़ाये, अपनी बुद्धि की क्षमता को बढ़ावा दे और सफल बनने के लिये प्रयास करें और अपने अन्दर के भ्रम को समाप्त करें।

"'प्रकृति की बनाई अद्‌भुत रचनायें हैं स्त्री और पुरूष।"
- हर्षिता शुक्ला

व्यक्तित्व विकास

दुनियाँ में ईश्वर द्वारा बनाई गई सारी रचनाओं में सबसे खूबसूरत रचना मानव है। जैसे भगवान ने इतनी खूबसूरत प्रकृति, नदियाँ, पहाड़ बनाये हैं। उस ईश्वर की बनाई हुई रचना मानव को हम आप बुरा या कम नहीं आंक सकते। ईश्वर ने मानव को जैसा भी बनाया है, वह बहुत खूबसूरत है। अगर शारीरिक रंग–रूप या संरचना की बात करें तो वो एक स्थायी समय तक ही रहती है, जो समय के साथ खत्म हो जाती

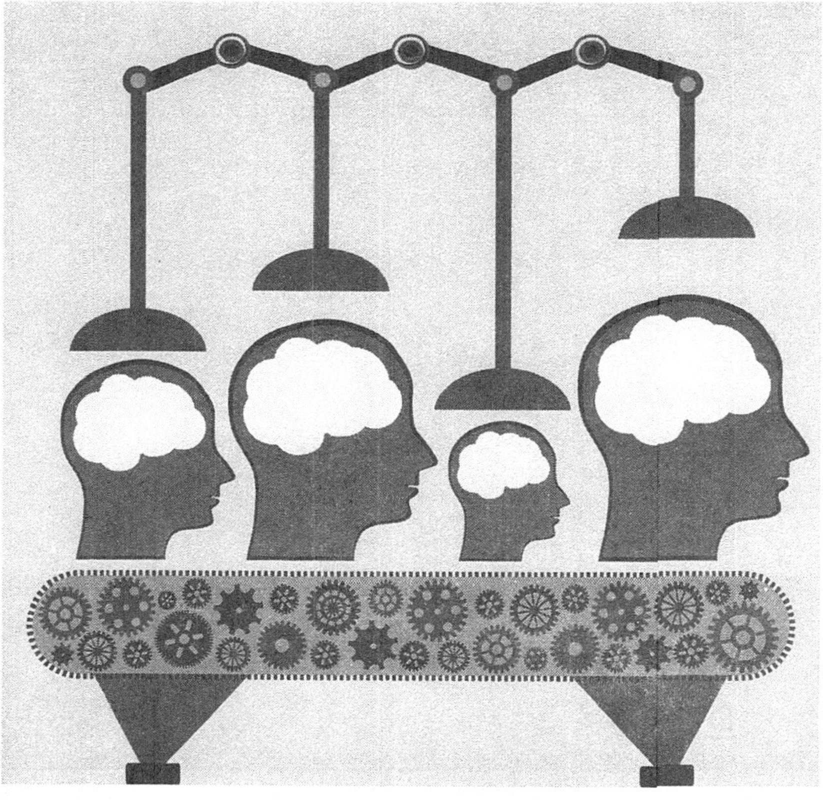

है। अगर कुछ स्थाई है तो वह है, आपका व्यक्तित्व। ऊपरी सजावट की बजाए आप अन्दरूनी व्यक्तित्व को भी सजाएं एवं सवारें क्योंकि सफलता का यह एक बहुत बड़ा पहलू है। आपकी **Personality** में एक आकर्षण होना चाहिये, आंखों में एक चमक होनी चाहिये। रंग–रूप **Personality** का प्रभाव किसी भी व्यक्ति पर तभी छोड़ा जा सकता है, जब उस **Personality** में सभी चीजों का समावेश होगा यानी आकर्षक व्यक्तित्व के साथ ज्ञान का होना सफलता में एक चुनौती है अतः आप अपने व्यक्तित्व को निखारने का प्रयास करें।

> "सुन्दरता आँखों को आकर्षित करती है, और व्यक्तित्व हृदय को।"
> - हर्षिता शुक्ला

रंग-रूप हीनता

प्रकृति द्वारा मिली हुई रंग–रूप एवं Personality का हमें शुक्रिया अदा करना चाहिए कि ईश्वर ने हमें इतना अच्छा बनाया है। समाज में ऐसे भी लोगों को देखिये जिन्हें अंग दोष है या उनके अन्दर किसी भी प्रकार की शारीरिक कमी है, फिर भी वह अपना जीवन हमसे ज्यादा खुश होकर जीते हैं। हमारे पास जो है, उसके लिये खुश न रह कर, जो हमारे पास नहीं है उसके लिये दुःखी रहना हमारे स्वभाव में आ चुका है। लेकिन यह गलत है आपको जो भी Personality मिली हुई है। उसे ही आप खूबसूरती के साथ रख सकते हैं। शारीरिक संरचनायें और रंग अलग–अलग होते हैं। अगर आप मोटे हैं या दुर्बल हैं, लंबे हैं या आपका कद कम है तो यह आपकी सफलता में कोई बाधा नहीं बनता। फिल्म जगत एक ऐसा क्षेत्र है जहाँ रंग–रूप को ही सफलता की चाभी कहा जाता था उस क्षेत्र में भी लोगों ने अपनी योग्यता को साबित कर सिद्ध कर दिया है कि रंग–रूप किसी भी प्रकार से सफलता में बाधा नहीं है जो भी पाठक इस पुस्तक को पढ़ रहे हैं उनसे मैं कहना चाहूँगी कि वह रंग–रूप Personality को ही एक हिस्सा मान कर ना बैठ जाये। उसे संवारें, निखारें और सफलता के पथ पर आगे बढ़े। इस बात का भ्रम मन से निकाल दे कि रंग–रूप एक चुनौती है सफलता के लिये।

संवेदनशीलता

हमारी प्रकृति ने जिस तरह दुनिया की हर चीज को सही अनुपात में बनाया है। जैसे मौसम, सोचिये कि अगर साल के 12 माह वर्षा होती रहे तो इस संसार का क्या होगा या केवल सर्दी का मौसम रहे तो जीवन पूरी तरह से वंचित हो जायेगा। प्रकृति ने मौसम को अनुपात में रखा है। किसी भी चीज की अति बुरी होती है। जैसे हमारी भावनाओं में संवेदनशीलता एक ऐसी चीज है। जिसका होना तो आवश्यक है, लेकिन अगर ये जीवन में अधिक हो जाये, तो जीवन में कई सारी दिक्कतों का सामना करना पड़ा सकता है। मनुष्य ही एक ऐसा प्राणी है जिसे प्रकृति ने संवेदनशीलता दी है, जो गुण पशु–पक्षियों में नहीं पाया जाता है। जिनमें सहनशीलता नहीं होती, वह व्यक्ति शीघ्र ही टूट जाता है। अगर व्यक्ति के अन्दर संवदेनशीलता की कमी है तो कहीं न कहीं उसकी

कीमत उसकी सफलता को चुकानी पड़ती है। संवेदनशील व्यक्ति के अन्दर सबसे पहले स्वयं के लिये ही संवदेनशीलता शून्य हो गई है। अगर कोई व्यक्ति अपने लिये संवेदनशील नहीं है तो ये कैसे माना जा सकता है कि वह एक जिम्मेदार व्यक्ति है। अगर आपको जिम्मेदारियों को वहन करना है तो संवेदनशील भी होना चाहिये। यह तो बात हो गई कि संवेदनशील होना आवश्यक है, लेकिन अतिसंवेदनशील होना भी अच्छा नहीं होता है और केवल संवेदनशीलता को ही ध्यान में रख के आप बड़े फैसले नहीं ले सकते क्योंकि हो सकता है संवेदनशीलता में लिये गये फैसले सही साबित न हो। जिन्दगी में हर भावना का एक निश्चित मजा होती है और उस मात्रा से अधिक होना जीवन में समस्याएँ पैदा करता है। यदि आप सच में सफल होना चाहते हैं तो आपको अति संवेदनशीलता से बचना होगा और व्यापार या नौकरी में आवश्यकता अनुसार संवेदनशीलता से बचना होगा क्योंकि व्यक्ति में उम्र के अनुसार भावनायें और विचार आते–जाते रहते हैं। यदि क्लास 10वी में पढ़ने वाला बच्चा अपनी बाइक या अपने ई–गैजेट के लिए संवेदनशील होगा तो उतना वह व्यापार और भविष्य को लेकर नहीं होगा। एक माँ ही ऐसी एक मात्र होती है, जो अपने बच्चों के प्रति जीवनभर संवेदनशील होती है। जिस समय गर्भ में शिशु बढ़ रहा होता है, उस समय से लेकर जीवनपर्यन्त उसकी संवेदनशीलता में कमी नहीं होती है। जो भाव एक माँ का अपने बच्चे के प्रति होता है, वही भावना और विचार आपको अपने सपनों के लिए रखना होगा। उदाहरणः– एक व्यक्ति किसी लोहार के द्वार से गुजरता था, उसने निहाई पर पड़ते हथौड़े की चोट को ध्यान से सुना और अन्दर झांक कर देखा तो उसने पाया कि एक किनारे बहुत सारे हथौड़े टूट कर इधर–उधर पड़े हुए है, समय और उपयोग ने ही उनकी ऐसी गति या दशा बनाई हो। उस आदमी ने हिम्मत करके लोहार से पूछा कि इतने सारे हथौड़ों को इस दशा तक पहुँचाने में आपको कितनी कठिनाईयों की जरूरत पड़ी होगी तो लोहार ने बड़े ही प्यार से हंसते हुए बोला (केवल एक ही दोस्त) एक ही निहाई सैकड़ों हथौड़ों को तोड़ देती है, क्योंकि हथौड़े चोट करते हैं और निहाई चोट सहती है।

यह बात सच है कि जीवन में वही व्यक्ति जीतता है जो सभी चोटों को सहनशीलता के साथ स्वीकार करता है। निहाई पर पड़ते हुए हथौड़े की चोटों की तरह से जीवन में भी चोटों की आवाज तो बहुत सुनी जाती है लेकिन आखिरकार हथौड़े टूट ही जाते हैं और निहाई नहीं टूटती।

"संवेदनहीनता एक मृत शरीर के समान है।"

- हर्षिता शुक्ला

अहम्

इस पुस्तक में सारे शीर्षकों में से "अहम्" सबसे महत्वपूर्ण विषय है। अहम् ही व्यक्ति को सफल न होने में रूकावट पैदा करता है। जिस प्रकार भोजन में सभी मसालों को एक अनुपात में डाला जाये तो वह चीज स्वादिष्ट होती है, लेकिन अगर उनमें से एक भी चीज का अनुपात दोगुना कर दिया जाये तो वह भोजन न खाने योग्य जैसा हो जाता है। कहने का मतलब है अहंकारी व्यक्ति अहंकार में अपनी आँखों को बन्द कर लेता है, जिसके कारण उसे अपनी गलतियाँ और दूसरों की अच्छाईयाँ दिखाई नहीं देती। यदि आप सफल होना चाहते है तो आपको अपने अन्दर से अहंकार को निकालकर बाहर फेंकना होगा। जिस प्रकार आपने या हमने देखा है कि एक छोटी–सी चिड़िया आसमान में ऊँची उड़ान भरती है और बहुत ही आसानी से ऊँचाई तक पहुँच जाती है। इसका सीधा–सीधा उदाहरण अगर व्यक्ति अपने जीवन में ले तो वो यह है कि उसके ऊँचे उड़ने का कारण उसका हल्का होना। जब आप अहम् को अपने अन्दर से निकाल देंगें तो आपको बहुत ही हल्का महसूस होगा लेकिन अहंकार चाहे वो नाम का हो, अनुभव का हो, रंग–रूप का हो या किसी भी प्रकार का हो उसकी कीमत व्यक्ति को ही चुकानी पड़ती है।

"सफलता पाना तो बहुत दूर की बात है, अहंकार में रहोगे तो रास्ता भी न देख पाओगे।"

- हर्षिता शुक्ला

सकारात्मक स्टोरी

एक बार एक गाँव में दो साधु रहा करते थे और वह दिन भर भीख माँगते थे। अचानक एक दिन गाँव में भयंकर आँधी आ गई और तेज वर्षा होने लगी। दोनों ही साधु गाँव से करीब सीमा पर निवास किया करते थे। एक शाम जब उनमें से एक साधु वापस आया तो उसने देखा उस वर्षा के कारण उनकी कुटिया तहस–नहस हो गई है। यह देखकर पहले तो साधु को बहुत गुस्सा आया और वह बड़बड़ाने लगा भगवान तू क्यों हमेशा ही मेरे साथ गलत करता है, मैं तो दिन भर तेरी पूजा–अर्चना में लगा रहता हूँ फिर भी तूने मेरी झोपड़ी को बर्बाद कर दिया परन्तु गाँव में अनेक ऐसे लोग भी रहते हैं जो कि बहुत सारे बुरे काम करते हैं, लेकिन उन्हें कुछ नहीं होता और बेचारे हम साधुओं की तूने झोपड़ी तोड़ दी। हम तेरा नाम जपते हैं और तू हमसे प्यार नहीं करता। तभी अचानक दूसरा साधु आता है और अपनी झोपड़ी

को देख खुश होके नाचने लगता है। साधु कहता है कि भगवान आज मुझे विश्वास हो चला है कि तू हमसे बहुत प्यार करता है क्योंकि तूने हमारी आधी झोपड़ी बचा दी वरना इतनी तेज आँधी–तूफान में झोपड़ी तो पूरी तरह से उड़ ही जाती। यह तो तेरी ही कृपा है, आज भी हमारे पास सर ढकने की जगह है, आज निश्चित ही मुझे मेरी पूजा का फल प्राप्त हुआ है। मित्रों यह घटना एक ऐसे दो लोगों के बारे में है, जो अलग–अलग ढंग से घटना को देखते हैं। एक सकारात्मक था तो दूसरा नकारात्मक। हमारी सोच ही हमारा जीवन तय करती है। हमारी सोच जब बदलेगी, तभी हमारी दुनियाँ बदलेगी अतः हमें बुरी–से–बुरी स्थिति में भी अपनी सोच को सकारात्मक रखना चाहिये।

यह तो निश्चित है कि व्यक्ति जब एक ऊँचाई पर पहुँच जाता है तो अहंकार स्वाभाविक रूप से उसके साथ आ जाता है, लेकिन उन्हीं लोगों में से जो लोग अहंकार को त्याग कर काम करते हैं। वही लोग सफलता के शिखर को छू पाते हैं। जैसे कि किसी महापुरुष ने ये कहा है कि कोई भी काम मैं कर सकता हूँ, यह तो आत्मविश्वास कहलाता है लेकिन केवल मैं ही कर सकता हूँ, यह व्यक्ति का अहंकार होता है। इतिहास में ऐसे बहुत से उदाहरण आपको देखने को मिल जायेंगे, जिनके कारण लोगों का सर्वनाश हुआ जैसे रावण अपने अहंकार के कारण इतना विद्वान होते हुए भी अन्त में अहंकार के कारण सर्वनाश को प्राप्त हुआ। साथ ही उसके साम्राज्य को भी नष्ट होना पड़ा। अहंकार देखने और समझने की शक्ति पूरी तरह से खत्म कर देता है और व्यक्ति में सही और गलत की समझ खत्म हो जाती है। अगर सही वक्त पर अहंकार को खत्म ना किया जाये तो वह व्यक्ति का नाश कर देता है। जिस भी व्यक्ति में अहंकार होता है, वह ज्यादा देर तक सफलता के आकाश में उड़ नहीं पाता। अहंकार पैसे और सम्मान दोनों को नष्ट कर देता है। अहंकारी व्यक्ति अपने सामने किसी व्यक्ति को सम्मान नहीं देता, अहंकारी व्यक्ति के पास से लोग दूर हो जाते हैं। अगर उसके पास कोई रहता है, तो वे केवल चापलूस! स्वाभिमान होना तो अच्छी बात है लेकिन अहंकारी होना नहीं, कुछ लोग अपने आप को ही सर्वश्रेष्ठ मानते हैं, लेकिन वह लोग अन्दर से बिल्कुल खोखले होते हैं। अहंकार हमें झुकने नहीं देता है जैसे कि हम जिस व्यवसाय या जॉब या प्रोफेशन में हैं, जिस भी स्तर

पर काम कर रहे हैं और उस काम को करते हुए सफल भी हैं तो हमें और ज्ञान लेकर अपने स्तर को चुनौती देते हुए आगे बढ़ने की लालसा होनी चाहिये। यदि व्यक्ति अहंकार में फंस जाता है, तो वह सीखने की कला को त्याग देता है और वर्तमान समय में सफल होने के उपरान्त भी आपको और ज्ञान लेना आवश्यक होता है। अहंकार जीवन में एक विष की भाँति आता है, इसलिये इससे दूर रहना है। अगर हमें सफल होना है या हम सफल हैं तो और सफल बनने के लिए अहंकार जैसे राक्षस को अपने जीवन से निकाल फेंकना होगा। मित्रों मैं अपने पिछले शीर्षकों में कहती आई हूँ कि सफलता में बहुत सारी चीजें चुनौती नहीं हैं, फिर भी मैं आप सभी से यह कहना चाहती हूँ कि "अहम्" एक चुनौती बन सकती है, सफल होने के लिये। इसलिए जल्दी–से–जल्दी अपने जीवन से अहम् शब्द को निकाल दें।

एक समय की बात है, एक बहुत ही बुजुर्ग आदमी अपनी सारी जायदाद अपने बेटे के नाम कर दी और वसीयत में लिखा कि उसके मर जाने के बाद सारी की सारी सम्पत्ति उसके बेटे की हो जायेगी और अपनी वसीयत के कुछ दिन बाद ही उसकी मृत्यु हो गई। सम्पत्ति इतनी ज्यादा थी कि उसका पुत्र आने वाली कई पुश्तों का पालन–पोषण कर सकता था। मगर उसका बेटा तब भी सन्तुष्ट नहीं था, वह ज्यादा से ज्यादा और धन कमाना चाहता था इसलिये उसने अपनी सभी सम्पत्तियों को बेच दिया और भिन्न–भिन्न वस्तुओं की खरीद–बिक्री का कारोबार शुरू कर दिया भाग्यवश वह बहुत कम समय में अत्यधिक सफल हो गया। शीघ्र ही वह बहुत ही सफल हो गया। उसने इतना अधिक धन इकट्ठा कर लिया जिससे दूसरे व्यापारी उससे जलने लगे और कभी–कभी दूसरे लोग उससे सफलता का रहस्य पूँछते तो वह कहता कि मैं इसलिये सफल हूँ क्योंकि मैं अपने व्यापार को समझता हूँ और कड़ी मेहनत करता हूँ। चूँकि उसने तरक्की की भी, इसलिये लोग उसकी शेखबानी को सच मानते थे। इसके कारण उसके अन्दर अहंकार आ गया। मगर फिर भी वह अपनी सफलता से और धन से सन्तुष्ट नहीं था और वह अपने व्यपार को और फैलाना शुरू कर दिया। उसका अहंकार इतना बढ़ गया कि भाग्य की देवी उससे नाराज हो गई। उसे व्यापार में जबरदस्त नुकसान होने लगा। पहली घटना, उसका माल से भरा समुद्री जहाज लूट लिया

गया, दूसरी घटना, माल से भरा जहाज समुद्र में डूब गया और उसके भाग्य में कुछ न कुछ अपशगुन उत्पन्न होने लगा, तीसरी घटना ने उसे बिल्कुल ही उखाड़ के फेंक दिया। वह दर–दर का भिखारी बन गया उसकी हालत देखकर उसके मित्रों ने उससे पूँछा कि तुम्हारी ये हालत कैसे हुई, इस पर वह बोला क्या बताऊँ किस्मत ने साथ नहीं दिया। भाग्य की देवी यह सुनकर रुष्ट हो गई, वह उसके सामने प्रकट हुई और कहा कि तुम सचमुच बहुत अकृतज्ञ हो, जब तक तुम सफलता की सीढ़ियाँ चढ़ते रहे तब तक सारा श्रेय खुद को देते रहे मगर जैसे ही तुम्हारे बुरे दिन आये तुमने भाग्य को कोसना आरम्भ कर दिया। याद रखो कि मनुष्य की मृगतृष्णा और अहंकार ही व्यक्ति को ले डूबता है यानी अहंकार से व्यक्ति का नाश हो जाता है।

"विश्वास एक स्वभाविक प्रक्रिया है, जिसका निर्माण जबरदस्ती नहीं किया जा सकता।" - हर्षिता शुक्ला

देश व समाज

व्यक्ति अपने परिवार में महत्वपूर्ण होता है, लेकिन वह देश व समाज का भी अंग होता है। हम किस तरह के देश में रहते हैं, वहाँ के परिदृश्यों का असर हमारे जीवन पर भी पड़ता है। हम जिस समाज में रहते हैं, जिस परिवेश में रहते हैं, उसकी छाप भी हमारे जीवन पर पड़ती है। देश और समाज में रह कर ही हमें सारे कार्य करने होते हैं। वह भी मर्यादा में रहकर देश व समाज की स्थिति के साथ ही वहाँ के भौगोलिक स्थितियाँ भी हमारे साथ जुड़ती हैं। आज के समय में बहुत सारे देश जिन्हें विश्व स्तर पर पिछड़ा माना जाता था। वह आज विकासशील देशों की श्रेणी में आ चुके हैं, यानी सीधे तौर पर कहा जाये कि जिस देश में अर्थव्यवस्था व कानून ठीक तरह से काम करता है, उस जगह पर रहने वाले व्यक्तियों की प्रगति होना निश्चित है। तभी कह सकते हैं कि सुरक्षा की दृष्टि से जहाँ कानून व्यवस्था अच्छी नहीं है और जहाँ पर समाजविरोधी गतिविधियाँ होती हैं, उस जगह से लोग पलायन करके

दूसरे देशों में बस जाते हैं। आप जिस परिवेश में रहते हैं, आपको उसके समकक्ष व्यापार या व्यवसाय करना चाहिये। जिससे कि आप तेज गति से सफल हो सके। हर देश व समाज में कुछ कुरीतियों के साथ–साथ कुछ अच्छाईयाँ भी मिली होती हैं, हमें उन अच्छाईयों को समझ कर काम करना चाहिए। आप जिस भी देश में या समाज में रहते हैं, आपको वहाँ के सफल तरीकों से कर्तव्य का पालन करते हुए कार्य करना चाहिये। पुरूषों की तुलना में देश व समाज की चीजों का असर महिलाओं पर अधिक होता है जैसे कि वह समाज जहाँ स्त्रियों को घर की दहलीज से बाहर तक जाने नहीं दिया जाता। चाहे वह शिक्षित होने के लिए कदम बाहर निकाले, उन परिस्थितियों में महिलाओं के लिये सफल होना तो दूर, उन्हें शिक्षा का भी अभाव होता है। आप और हम जिस देश व समाज में रहते हैं, वह आधुनिक है और इस आधुनिक समाज में स्त्रियों को भी पुरूषों के बराबर स्थान दिया जाने लगा है। जिससे हमारे समाज की परिभाषा बदलनी शुरू हो गई है। मेरे कहने का मतलब है कि पुराने दशक में समाज की स्थिति में एक बड़ा परिवर्तन आ चुका है, हम देश व समाज से अलग होकर तो कुछ बड़ा निर्माण नहीं कर सकते हैं। आपको उस देश व समाज में रहकर ही एक जिम्मेदार नागरिक के रूप में सफल होना होगा। जब कोई समाज अच्छा होगा तो देश की प्रगति करना निश्चित है और यह समाज तभी अच्छा बनेगा, जब हम स्वयं अच्छे और जिम्मेदार होंगे। देश एवं समाज सफलता में बाधा नहीं बनता है।

"एक अच्छे देश की नींव, एक बेहतर इंसान से बनती है।"

- हर्षिता शुक्ला

डर

मित्रों जीवन में परिस्थितियाँ कभी एक समान नहीं होती जैसेः–लाभ–हानि, जय–पराजय, फायदा–नुकसान, ऊँच–नीच आदि एक सिक्के के दो पहलू जैसे कुछ अनुभव हमें खट्टे और कुछ मीठे होते हैं। जिस तरह एक इंद्रधनुष को बनने के लिए धूप और बारिश दोनों की ही जरूरत होती है। जीवन में अच्छाई–बुराई साथ चलती है और इन

पर हमारा नियंत्रण नहीं होता। बहुत सारे लोग केवल और केवल सिर्फ नाकामयाबी के डर से ही सफर शुरू नहीं करते। योजना दूरदर्शिता होना तो अच्छी बात है लेकिन डर नहीं होना चाहिए। जब हम डर (Fear) को अपने ऊपर हावी होने देते हैं तो हमारी सारी शक्ति क्षीण हो जाती है और डर इतना बड़ा रूप ले लेता है कि उसके सामने सपने छोटे पड़ जाते हैं। दुनिया में बहुत सारे लोग कई बार दूसरों की जिन्दगी के कटु अनुभवों को देखकर डर जाते हैं और ये मान बैठते हैं कि वो डर को खत्म करके अपना लक्ष्य हासिल नहीं कर सकते, ऐसे तो हर रात के बाद सुबह होती है, जिन्दगी हंसाती भी और रूलाती भी है, पर जो लोग डर को पीछे छोड़कर आगे बढ़ते हैं, जिन्दगी उसी के आगे सर झुकाती है। हम जो भी काम करना चाहते हैं, उसमें आने वाली परेशानियों के डर से हाथ–पर–हाथ धरकर ना बैठे क्योंकि जीवन में कोई ऐसा काम नहीं है, जो इंसान नहीं कर सकता जैसेः–अब्राहम लिंकन जीवन में बहुत बार असफल हुए, लेकिन वह डरकर चुपचाप नहीं बैठे और 52 साल की उम्र में अमेरिका के राष्ट्रपति बने, अगर वह असफलता से डर जाते तो अपने लक्ष्य को प्राप्त नहीं कर पाते।

डर को दूर कैसे करें

दोस्तों जीवन में हर व्यक्ति को किसी न किसी चीज का या बात का डर लगता है, लेकिन अगर कोई ये बोलता है कि उसे किसी भी बात का डर नहीं लगता तो यह झूठ होगा। डर सबको लगता है लेकिन उनमें से कुछ लोग, उससे निकलने का तरीका अपना लेते हैं, जिससे जीवन में डर को पीछे छोड़कर बहुत आगे निकल जाते हैं। डर एक ऐसी विशाल चीज होती है, जो हमें आगे बढ़ने नहीं देती। यह एक ऐसा शैतान है जो हमारे दिमाग पर हावी होकर, हमें सफल होने से रोकता है। आज के समय में हमारे चारों ओर ऐसी बहुत सारी घटनायें होती हैं कि मन चाहकर भी अच्छा सोच नहीं पाता। चारों तरफ के गलत माहौल से एक–दूसरे पर भरोसा नहीं करते जैसे एक बुरी सोच हमारे अन्दर घर कर जाती है। डर को कुछ तरीकों से कम किया जा सकता है जैसेः–

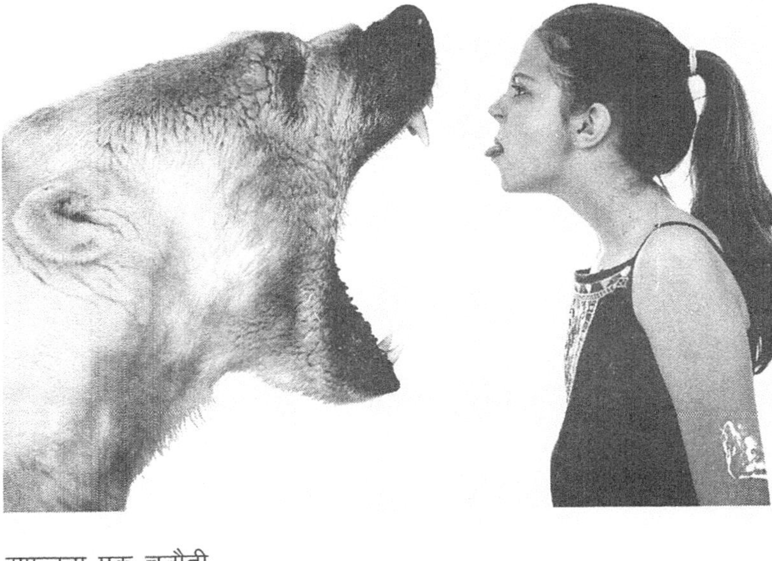

- सकारात्मक सोच।
- पुरानी बातों को छोड़ आगे बढ़ें।
- डर लगने पर गहरी सास लें।
- लक्ष्य निर्धारित करें।
- डर को स्वीकार ना करें।
- डर पर विजय पायें।
- अच्छी संगति में रहें।
- योग करें।
- न डरने की आदत डालें।

जोखिम

इस अध्याय को शुरू करने से पहले मैं आप लोगों को ये बताना चाहती हूँ कि जोखिम यानी कि रिस्क शब्द को पढ़ने मात्र से ही लोगों को एक डर जैसी अनुभूति होती है, जबकि अगर इस शब्द के सही अर्थ को समझा जाये तो सफलता को पाने में इस शब्द का बहुत बड़ा उपयोग है। अक्सर लोगों को ऐसा लगता है कि जीवन में कार्य चाहे जो भी करे पर रिस्क से बचना चाहिए। पर मेरी बात अन्यथा मे न लेते हुए जीवन का कोई काम बिना रिस्क के सम्भव ही नहीं है। इस धरती पर बच्चे के जन्म लेते ही जोखिम की परिभाषा को दिया जा सकता है, जैसे एक माँ 9 महीने तक जोखिम लेती है और बड़े कष्ट के बाद एक बच्चे को जन्म देती है। उस वक्त माँ से ज्यादा जोखिम कोई नहीं उठा सकता, ठीक उसी प्रकार जीवन में बहुत सारे लोगों ने ऐसे साहसिक कार्य किये और स्वयं जोखिम लेकर इस समाज के लोगों को बहुत सारी ऐसी चीजें प्रदान की हैं। जिसके कारण पूरे मानव समाज को उसका फायदा मिला। जैसे कि आज से कई साल पहले किसी ने हवाई जहाज के उड़ने की कल्पना भी नहीं की होगी और ऐसी कल्पना को लोग पागलपन और अत्यन्त जोखिम वाला कदम ही ठहराते होंगे जबकि आज हम सब उसी हवाई यात्रा का बड़े ही आनन्द के साथ उसका मजा उठाते है। इसी के

साथ देखा जाये तो व्यवसाय हो या कोई और कार्य दोनों में ही व्यक्ति को कहीं–न–कहीं रिस्क उठाना पड़ता है। आपको लगेगा कि जिस तरह एक आदमी रस्सी पर चल कर एक स्थान से दूसरे स्थान पर जाता है और पहले के जमाने में लोग इस तरह के खेल और तमाशे करते थे। बहुत सारे लोगों को याद होगा कि जब हम लोग सर्कस देखने जाया करते थे तो उसमें एक व्यक्ति एक बड़े से गहरे कुएँ में मोटर साइकिल चलाता था, जिसको देखकर लोगों के रौंगटे खड़े हो जाते थे और ऐसा लगता था कि यह व्यक्ति अपने जीवन से खेल रहा है। ये वो पहलू था जिसे हम देखते है, लेकिन इसका दूसरा पहलू जिसे हमने और आपने नहीं देखा वो यह होता है कि वो यह सब इसलिए कर पाया क्योंकि वह अपने कार्य में निपुण था और निपुणता उसे अभ्यासरत होने के बाद ही आई। यानी कि वो काम जिसका हम अभ्यास करते हैं, उस काम में हमें निपुणता आ जाती है। इस कारण जोखिम वाला जो प्रश्न है वह स्वतः ही समाप्त हो जाता है। अगर आप वह कार्य निरन्तर कर रहे हैं और करते–करते उसे सीख रहे है तो उसे जोखिम की श्रेणी में नहीं लाया जा सकता है। बहुत सारे ऐसे काम जिसे लोग जोखिम कहते हैं लेकिन अगर आप अपने उद्देश्य में तत्पर हैं और आपके अन्दर अपने उद्देश्य पर भरोसा है तो आप उस कार्य को शुरू कर सकते हैं। किसी दूसरे व्यक्ति के सफल और असफल होने के अनुभव से इस बात का अंदाजा नहीं लगाया जा सकता है कि आप भी उसकी भांति अपने उद्देश्य में सफल या असफल होंगे। यहाँ पर पाठकों से मेरा निवेदन यह है कि चाहे जितनी भी बाते आपको बताई जा रही हैं। यह कार्य से सम्बद्ध जोखिम की बात की जा रही है न कि अन्य सम्बन्धित जोखिमों की। जीवन को एक गाड़ी की भांति, जितना अच्छे से चलायेंगे आपके जीवन की गाड़ी उतनी ही तेजी से और आसानी से अपनी मंजिल की ओर बढ़ती जायेगी। इसमें केवल आपको कभी भी Shortcut का रास्ता नहीं अपनाना चाहिए, क्योंकि जीवन में सफलता एक निश्चित समय मांगती है, उसके बाद ही जा कर सफलता मिलती है। आज की युवा पीढ़ी अपने लिए वह सब कुछ चाहती है, वह सारी चीजें प्राप्त करना चाहती है जो कि सफल व्यक्ति को प्राप्त होती है। मेरा उन सब लोगों को यह संदेश है कि जीवन की सुन्दता परिपूर्ण तरीके से किसी भी कार्य को करने और निरन्तर प्रयासरत रहने के लिए ही होती है।

सकारात्मक स्टोरी

रिस्क अथवा खतरा शब्द से लोगों के मन भय उत्पन्न होने लगता है और लोगों के मन में रिस्क के सम्बन्ध में तरह–तरह विचार आने लगते हैं कि वह कोई भी ऐसा काम नहीं करेंगे जिस काम को करने में रिस्क अथवा खतरा उठाना पड़े। जिस व्यक्ति को रिस्क लेने से डर लगता है वह व्यक्ति कभी भी सफल नहीं हो सकता है क्योंकि विश्व में जो छोटे से छोटा एवं बड़े से बड़ा कार्य हो बिना रिस्क के पूर्ण नहीं हो सकता अथवा बिना त्याग किये कुछ भी प्राप्त नहीं किया जा सकता है। अक्सर सभी के जीवन में अपने कार्य से सम्बन्धित नकारात्मक एवं सकारात्मक दोनों तरह के विचार आते हैं लेकिन विपरीत परिस्थिति में जब सबकुछ विरोध में हो रहा होता है, चाहे आप जिस प्रकार का काम कर रहे हो और आपके साथ हर बार गलत ही गलत हो रहा हो और आपका किसी भी प्रकार निर्णय भयानक अथवा डरावना लग रहा हो फिर भी आपको सकारात्मक विचारों (निर्भयता) के साथ काम करते रहना चाहिए। चाहे जीवन में असफलता पर असफलता ही क्यों न मिले। असफलता, सफलता से कहीं ज्यादा महत्त्वपूर्ण होती है क्योंकि मनुष्य को अपनी असफलताओं से ही अपनी कमियों का पता चलता है। कहने का तात्पर्य यह है कि यदि कोई व्यक्ति गलती करता है, इसका अर्थ है कि वह व्यक्ति सीख रहा है, कोई भी व्यक्ति किसी भी कार्य में जन्मजात कुशल नहीं होता है बल्कि वह अपनी गलतियों अथवा रिस्क द्वारा सीखता एवं सफलता को प्राप्त करता है और यह सब वहीं व्यक्ति कर सकता है, जो अपने जीवन में रिस्क लेने के लिए सदैव तैयार रहता है।

सकारात्मक स्टोरी

मित्रों जैसा कि दूरदर्शिता शब्द से ही पता चलता है कि किसी भी कार्य का अन्तिम परिणाम क्या होगा अर्थात हम जिस काम को करने जा रहे है, उस काम से लाभ होगा या हानि। दूरदर्शिता गुण का विकास अच्छे विचारो के माध्यम से होता है क्योंकि कहा जाता है कि व्यक्ति जैसा सोचता है, वह वैसा ही बन जाता है। इसलिए व्यक्ति को अच्छे विचारों का सृजन करना चाहिए और अच्छे विचारो का निर्माण अच्छी संगति से होता। इसके लिए यह उक्ति सत्य सिद्ध होती है "संगति से गुन आत है, संगति से गुन जात"। किसी भी कार्य की शुरूआत या स्थापना करते समय दूरदर्शी दृष्टिकोण रखना आवश्यक है। इसके लिए मैं एक उदाहरण देना चाहती हूँ:- एक कम्पनी के सामने एक व्यक्ति समोसे की दुकान थी एवं उस दुकान के समोसे बहुत प्रसिद्ध थे तथा वहाँ पर कम्पनी के लोग समोसे खाने आया करते थे और एक बार कई वर्ष बाद कम्पनी के

एक मैनेजर ने मजाक के तौर पर समोसे वाले से कहा कि भाई तुमने अपनी दुकान बहुत ही अच्छे ढंग से व्यवस्थित (Maintain) की है लेकिन क्या तुम्हें नहीं लगता कि तुम अपना टैलेंट और समय बर्बाद कर रहे हो, यदि तुम इस दुकान की जगह मेरी तरह किसी कम्पनी में होते तो शायद तुम भी मैनेजर बन जाते और तुम्हारी लाईफ कितनी अच्छी होती। मैनेजर की यह बात सुनकर उस दुकानदार ने काफी सोच–समझकर कहा कि साहब मेरा काम आपके काम से कहीं ज्यादा अच्छा है। आपको याद होगा 12 साल पहले आपको नौकरी मिली थी, तब मैं टोकरी में समोसे बेचता था। उस समय आपको महीने में दस हजार रूपये मिलते थे और मैं महीने में एक हजार रूपये कमाता था, अब आप सुपरवाइजर से मैनेजर बन गये हैं और पचास हजार रूपये महीना कमाते है तथा मैंने अपनी दुकान को टोकरी से एक अच्छी दुकान बना ली है, और मैं महीने मे दो लाख रूपये कमाता हूँ। साहब जरा सोचकर देखिए कि मैंने कम पूँजी में यह दुकान शुरू की थी, लेकिन मेरे बच्चों को यह नहीं करना पड़ेगा और मैंने जो मेहनत की उसका फायदा मेरे बच्चे उठायेंगे, आपकी मेहनत का लाभ आपके मालिक के बच्चे उठायेंगे और आपके बच्चे को नौकरी के लिए जीरो से ही शुरूआत करनी पड़ेगी और अपने कार्यकाल के अंत में वह वहीं पहुँच जायेगा, जहाँ पर आप हो, जबकि मेरे बच्चे मेरे व्यवसाय को और भी आगे ले जायेंगे। अब आप ही बताइए कि किसका समय और टैलेंट बर्बाद हो रहा है। इस प्रेरक प्रसंग से हमें पता चलता है कि व्यक्ति कोई भी काम पूर्ण योजनाबद्ध एवं अन्तिम परिणाम को सोच–समझकर करना चाहिए।

> "लहरों से डरकर नौका पार नहीं होती, कोशिश करने वालों की हार नहीं होती।"
>
> - हरिवंश राय बच्चन

विश्वास

विश्वास एक शब्द ही नहीं है, बल्कि किसी भी निर्माण का आधार होता है। जिसके बिना जीवन की कल्पना भी नहीं की जा सकती है। युगों–युगों से लेकर इससे सम्बन्धित बहुत सारी प्रचलित कहानियाँ सुनने को मिलती है। किसी का विश्वास जीतना और उसे निरन्तर कायम रखना यह केवल वहीं लोग कर पाते है, जो जीवन में आगे कुछ बड़ा करते हैं। विश्वास शब्द में बहुत कुछ समाया हुआ है। पारिवारिक दृष्टिकोण हो या व्यापारिक दोनों में ही विश्वास अति आवश्यक है, बिना इसके आप कल्पना भी नहीं कर सकते कि आप के साथ कोई भी व्यक्ति जुड़ सकता है। किसी महान व्यक्ति ने कहा है कि आप किसी भी व्यक्ति के हाथ तो खरीद सकते है, लेकिन उसका विश्वास खरीदना अति दुर्लभ होता है क्योंकि व्यक्ति अगर आपके साथ विश्वास के साथ नहीं जुड़ा है,

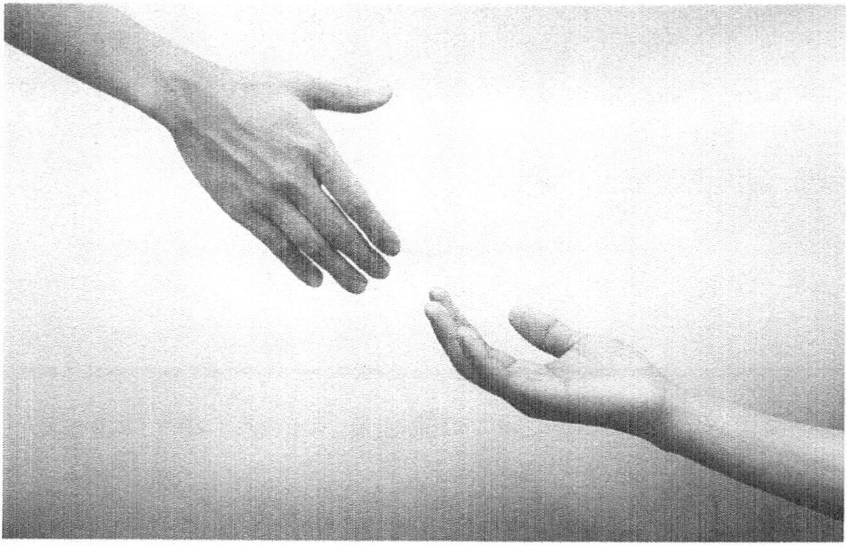

तो वह अपनी निष्ठा और ईमानदारी नहीं दे सकता, जब तक व्यक्ति को पूर्ण विश्वास नहीं हो जाता है, तब तक वह आपके लिये अपनी निष्ठा का एक भी कण दान नहीं करता। बड़े से बड़े संस्थानों का पहला प्रयास लोगों का विश्वास जीतना होता है, जब इसमें आप सफल होते हैं, तभी सामने वाला आपके साथ चलने का प्रण लेता है। जिस प्रकार एक बच्चे को अपने माँ–बाप के प्रति पूर्ण विश्वास होता है कि वह लोग उसका पूरी तरह ख्याल रखेंगे तभी वह बच्चा पूरी तरह से अपने माँ–बाप पर निर्भर हो जाता है। आजकल ज्यादातर लोगों में पारस्परिक विश्वास की कमी पाई जाती है, जिसके कारण बहुत सारी समस्यायें खड़ी हो जाती हैं। जैसे पति–पत्नी का रिश्ता विश्वास की डोर से बंधा होता है, जिसमें कि दो अपरिचित व्यक्ति एक–दूसरे के साथ जीवन बिताना शुरू करते हैं। जिसमें केवल विश्वास ही ऐसी चीज होती है, जिसके कारण वह एक–दूसरे के साथ भरोसे के साथ एक साथ नये परिवार का निर्माण करते हैं। अगर इन दोनों में विश्वास ही न रहे तो उनका एक कदम चलना भी मुश्क़िल हो जायेगा और जीवन बिताने का प्रश्न ही नहीं उठता। वह रिश्ता तुरन्त ही समाप्त हो जायेगा, ठीक उसी प्रकार व्यपार में भी हम सामने वाले पर विश्वास रखते हैं और इसी विश्वास की उम्मीद हम अपने लिए भी चाहते हैं कि जिस प्रकार हम सामने वाले पर विश्वास करते हैं, उसी तरह सामने वाला भी हम पर विश्वास करे। इसके बिना हम अपने जीवन को अधूरा ही मानेंगे। इसके साथ ही उतना ही विश्वास हमें अपने आप पर भी होना चाहिए कि हम किसी भी काम में सफल तभी हो सकते हैं, जब हम स्वयं पर विश्वास करते हैं। इसके द्वारा ही हमारे अंदर आत्म निर्भरता का निर्माण होता है क्योंकि आपको अगर तैराकी आती है और आपको अगर खुद पर भरोसा ही नहीं है, तो आप गहरे पानी में कभी भी उतर नहीं सकते हैं। जिस व्यक्ति का विश्वास अपने आप पर होता है, तो वह किसी भी कार्य को सफल बना सकता है। लेकिन हमें अपने साथ–साथ दूसरे का भी विश्वास जीतना पड़ता है तभी हम सफल व्यक्ति की श्रेणी में आ सकते हैं।

सकारात्मक स्टोरी

एक पुजारी था, उसका आध्यात्मिक शक्ति एवं ईश्वर में अटूट विश्वास था। उसके घर जो भी आता, वह उनका अपनी क्षमतानुसार आदर, सत्कार करता था। उस पुजारी का ईश्वर में अटूट विश्वास देखकर लोग उससे बहुत प्रभावित थे तथा उसका सभी लोग बहुत सम्मान करते थे। एक बार उस पुजारी के घर के पास जेल से भागा हुआ चोर रात में वहाँ गुजर रहा था, उसने सोचा कि इस पुजारी के घर में रात

गुजारने के लिए रूक जाता हूँ। उस पुजारी के घर का दरवाजा खुला देखकर, वह चोर उस पुजारी के घर में प्रवेश कर गया। जैसे ही वह चोर अन्दर गया तो उस घर में रहने वाले पुजारी ने उस चोर व्यक्ति का अभिवादन एवं स्वागत किया, उसका कुशल–मंगल पूछा और इसके बाद उसका परिचय पूछा और यहाँ क्या करने आये हो। इतना पूछने पर चोर व्यक्ति एकदम झूठ बोलते हुए कहा कि मैं मुसाफिर हूँ, चलते–चलते रास्ता भटक गया था और आपके घर का दरवाजा खुला देखकर मैं आपके यहाँ चला आया। मैं आपके घर रात गुजारना चाहता हूँ, सुबह होते ही मैं यहाँ से चला जाऊंगा। इतना सुनने के बाद उस पुजारी ने कहा कि ठीक है, तुम दूर से चलकर आये हो थक गये होगे जाओं हाथ–मुँह धो लो, मैं तुम्हारे खाने–पीने एवं सोने का प्रबंध करता हूँ, इसके बाद जब सब लोग सो गये तो उस चोर की नीयत खराब हो गयी। उसने सोचा कि घर में जो भी कीमती वस्तु हो चुरा लेता हूँ, उसने घर से सोने के सिक्के चुरा लिए और वहाँ से भाग निकला तथा उसके भागने के बाद पुलिस ने उसे देख लिया और उसे पकड़ लिया, पुलिस के पूछने पर उस चोर ने बयान दिया कि मैंने ये सोने के सिक्के पुजारी के घर से चुराये हैं, इतना पता चलने पर पुलिस उस चोर को पुजारी के पास ले गयी तो उस पुजारी ने कहा कि आपने इस व्यक्ति को बंदी क्यों बना रखा है। कृपया आप इसे छोड़ दीजिए, ये तो मेरे घर में अतिथि के रूप में आये थे और मैंने इन्हें उपहारस्वरूप सोने के सिक्के दिये हैं। पुजारी की इन बातों को सुनकर उस चोर व्यक्ति मन परिवर्तित हो गया और उसको अपनी भूल का एहसास हो गया और उस पुजारी की ईश्वर भक्ति एवं ईश्वर में विश्वास को देखकर पश्चाताप करने लगा तथा चोरी करना छोड़ दिया।

निरन्तरता

किसी भी कार्य को सफल तभी किया जा सकता है, जब उसे निरन्तरता के साथ किया जा सके। (Every Business Need Regularity) "करत करत अभ्यास ते जड़मति होत सुजान" यानी कोई भी कार्य जिसका निरन्तर अभ्यास किया जाये वह सफल होना निश्चित है। क्योंकि आप कितना भी अच्छा निर्माण क्यों न कर ले लेकिन अगर आप उसमें Regularity नहीं लाते हैं, तो उसे बहुत दिन तक सफलता के साथ चलाया नहीं जा सकता है। जिस प्रकार हम लोग शिक्षा को भी एक दिन में पा नहीं सकते तथा एक बच्चा बचपन से लेकर उम्र के कई वर्ष लगाता है, तब जाकर उसे एक डिग्री प्राप्त होती है। जिसके द्वारा यह माना जाता है कि वह शिक्षित है। तो हम बिजनेस या नौकरी में कैसे मान लेते हैं कि हमें तुरन्त सफलता मिल जायेगी। उसके लिये धैर्य के साथ बहुत सारे

लोग कुछ ही समय बाद अपना धैर्य खो देते हैं और निरन्तरता से हट जाते हैं और अपने सफल होने के रास्ते को बीच में ही छोड़ देते है। जिससे कि उनकी पिछली की गई मेहनत भी नष्ट हो जाती है। बड़े–बड़े उद्योगपति भी जब एक उद्योग स्थापित करते हैं और कई वर्षों तक उस उद्योग को निरन्तर समय देते हैं, जिससे कि वह अपने आप और अपने उद्योग को भी स्थापित कर पाते हैं। इसके लिये उन्हें केवल निरन्तरता की आवश्यकता होती है, जैसे किसी भी घर के निर्माण में पहले नींव फिर दीवार और फिर छत और उसके साथ निरन्तरता के साथ कार्य होता है, तब जाकर के कोई घर का निर्माण होता है। अगर इसे बीच में छोड़ दिया जाये तो वह कभी पूर्ण नहीं होता है। इसलिए अपने बिजनेस, जॉब में हमें निरन्तरता के साथ लगे रहना पड़ता है। अतः निरन्तरता बहुत जरूरी है किसी भी व्यवसाय अथवा जॉब के लिए अगर आपको उसमें सफल होना है तो।

> "गलतियाँ साबित करती हैं कि आप निरन्तर कार्य कर रहे हैं।"
>
> - हर्षिता शुक्ला

सकारात्मक स्टोरी

सम्पूर्ण विश्व के सभी व्यक्ति या प्राणियों का विकास निरन्तरता के अन्तर्गत ही होता है क्योंकि यदि किसी व्यक्ति ने अपने जीवन में निरन्तरता का पालन नहीं किया तो वह कभी भी सफल नहीं हो सकता है। जिसको मैं इस प्रकार समझाना चाहती हूँ कि एक गांव में एक व्यक्ति ने बचपन से ही अपना खुद का व्यवसाय करने की सोच बनायी और उसने कम पैसे से मात्र एक या दो प्रोडक्ट से अपना काम शुरू किया

और वह निरन्तर अपने व्यवसाय को बढ़ाने के लिए मेहनत करता रहा तथा वह अपने व्यवसाय से छोटी–छोटी बचत करके धीरे–धीरे और भी नये–नये प्रोडक्ट बढ़ाता गया और एक ऐसा समय आया कि उसकी अपनी खुद की काफी बड़ी दुकान बन गयी और उसका जीवन सुखमय चलने लगा लेकिन एक बार कुछ धोखेबाज लोगों ने एक कम्पनी में काम करने के लिए उसे प्रेरित किया कि तुम जितनी मेहनत करते हो, उससे कम मेहनत में और कम समय में ज्यादा पैसा कमा सकोगे। इतना सब सुनने के बाद वह व्यवसायी उनके बताये काम में लग गया और उसमें उसे बहुत अच्छा लाभ भी मिलने लगा। जिससे वह अपनी दुकान की ओर ठीक से ध्यान नहीं दे पा रहा था और उसकी दुकान धीरे–धीरे बंद हो गयी। कुछ सालों तक उसका दूसरा काम काफी अच्छा चलता रहा लेकिन कुछ साल बाद कम्पनी के धोखेबाज लोग पैसे की धोखाधड़ी करके भाग गये। जिससे उस व्यक्ति का बहुत नुकसान एवं मान हानि हुई। इसके बाद वह कई सालों तक धोखेबाजों को ढूंढने के लिए इधर–उधर भटकता रहा। उसने फिर से अपनी दुकान का काम शुरू किया और वह धीरे–धीरे फिर से एक अच्छा दुकानदार बन गया और अपने सुखपूर्ण जीवन का निर्वाह करने लगा। मित्रों मैं इस कहानी से सिर्फ यह बताना चाहती हूँ कि व्यक्ति को जो भी काम करना हो, उसे निरन्तर करते रहना चाहिए और कम समय (Shortcut) वाले एवं ज्यादा फायदे वाले काम नहीं करने चाहिए बल्कि अपने पर विश्वास रखकर निरन्तर धैर्य के साथ अपना काम करना चाहिए।

"जिस कार्य का आपको ज्ञान नहीं होता है, वह जोखिम भरा होता है।"

- हर्षिता शुक्ला

सफल शख्सियत

स्व. डॉ. ए.पी.जे. अब्दुल कलाम भारत के भूतपूर्व राष्ट्रपति और मिसाइलमैन के तौर पर प्रख्यात हैं और उन्हें पदम् भूषण रत्न से नवाजा जा चुका है। ***स्व. डॉ. ए.पी.जे. अब्दुल कलाम***

भारत रत्न लता मंगेशकर जो भारत की सबसे लोकप्रिय और आदरणीय गायिका हैं और वे पिछले छः दशक से हैं, जिन्हें कंठ कोकिला के नाम से भी जाना जाता है। ***भारत रत्न लता मंगेशकर***

रतन नवल टाटा (टाटा समूह) के अध्यक्ष रहे हैं, जो भारत की सबसे बड़ा व्यापारिक समूह है, जिनके द्वारा आज भारत को व्यापारिक रूप से नये दृष्टिकोण से जाना जाता है। ***रतन नवल टाटा***

स्मार्क एलियट जुकरबर्ग एक अमेरिकन उद्यमी हैं और जो सोशल नेटवर्किंग साइट फेसबुक की स्थापना के लिए प्रसिद्ध व्यक्ति हैं।

स्मार्क एलियट जुकरबर्ग

बिलगेट्स माइक्रोसॉफ्ट कम्पनी के सह–संस्थापक विलियम हेनरी गेट्स जिनके द्वारा आज हमें कंप्यूटर क्रांति का उपहार मिला।

बिल गेट्स माइक्रोसॉफ्ट

हमारा नमन इन सभी सफल शख्सियतों को जाता है जिन्होंने अपने जीवन की हर चुनौती का सामना करते हुए सफलता का उदाहरण सम्पूर्ण विश्व के सामने रखा और प्रेरणा स्रोत बने।

सफलता की जिद

आज इस शीर्षक को लिखने से पहले सुबह जब, मैं अपने घर से निकली तो मेरी नजर रास्ते में पड़ने वाले रेलवे स्टेशन पर पड़ी। जहाँ हजारों लोग आते–जाते हैं, ये वे होते है, जो कहीं न कहीं अपने सपनों को लेकर शहर आते है, जिनके अन्दर सपनों का सैलाब होता है। सच मानिये यह समय जीवन का वह क्षण होता है, जिसमें दुनिया बहुत ही खूबसूरत लगती है। दोस्ती, घूमना–फिरना, खाना–पीना, सब कुछ बहुत अच्छा लगता है, मन में सपने हिलोरे मारते हैं कि बस एक बार सफल हो जाऊँ, तो दुनिया मेरी मुट्ठी में होगी जैसे रणबीर कपूर एक फिल्म में कहता है कि मैं दौड़ना चाहता हूँ, भागना चाहता हूँ, गिरना चाहता हूँ, लेकिन रूकना नहीं चाहता हूँ। लगभग यहीं ख्याल हर उस व्यक्ति के दिमाग में आता है, जो भी सफलता का सपना देखता है, फिर वक्त बदलता है और एकाएक सब कुछ बदल जाता है, व्यक्ति ने जितने सपने देखे होते हैं, वो एक पल में बिखर जाते हैं। शायद जिन्दगी के नये मापदंड होते हैं क्योंकि बहुत ही करीब से जब हम जीवन को देखते हैं, तो उसमें बहुत सी चुनौतियां नजर आती हैं, जिन्हें तभी जाना जा

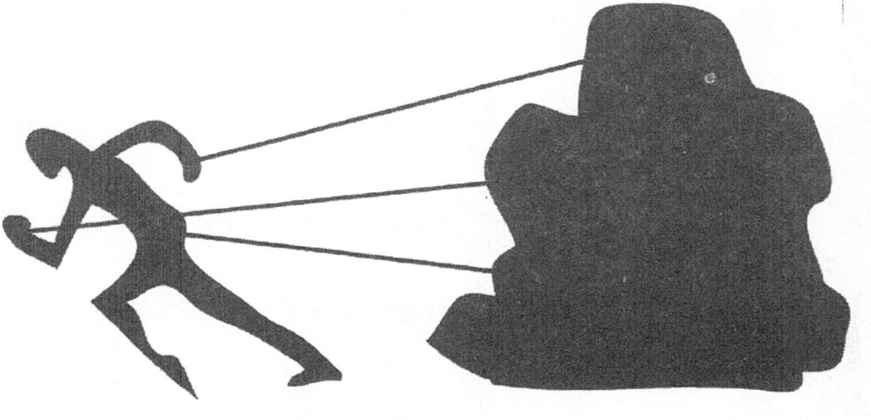

सकता है, जब आप अपने सपने को लेकर कदम बढ़ाते हैं, इस सोच के साथ कि हमारा जीवन केवल दूसरों के किये कामों में तालियाँ बजाने के लिये नहीं हुआ है। ऐसे बहुत सारे लोगों को मैंने अखबार और मीडिया की सुर्खी बनते देखा है कि उन्हें एक बार असफलता क्या हाथ लगी कि उन्होंने अपने सपनों का गला घोट के अपने जीवन को ही समाप्त कर दिया, क्योंकि कहीं न कहीं उनके अन्दर घोर निराशा और अवसाद घर बनाकर बैठ जाता है और उन्हें महसूस होने लगता है कि अब वो जीवन में सफल नहीं हो सकते। एक उम्र के साथ, जब लोग सफल नहीं हो पाते, तो वह भी अपने सपनों के सन्दूक को ताला लगाकर कहीं दूर छोड़ आते है, ऐसा क्यों होता है? क्या आपको मालूम है? क्योंकि जब हम सपना देखते हैं, ठीक उसी वक्त, हमारे अन्दर उस सपने को पूरा कर लेने की जिद और जूनून का जन्म नहीं होता है, क्योंकि किसी भी असाधारण काम को अगर कोई साधारण व्यक्ति करता है, तो उसे देखकर शायद हम और आप भी दाँतों तले अंगुलियाँ दबा लें, लेकिन वो कर जाते हैं क्योंकि उनके अन्दर अपने सपने के प्रति पागलपन और जुनून होता है। जब तक आपके अन्दर वो जनून, वो पागलपन और समर्पण अपने सपने के प्रति नहीं होगा, तब तक आप सफलता के उस परम आनन्द को प्राप्त नहीं कर सकते। आपको सफलता दिलाने में आपका जनून और जिद आपकी मदद करेगा और इस किताब के किसी भी शब्द से आपको प्रेरणा मिलती है तो मेरा इस पुस्तक को लिखने का मेरा मकसद पूरा हो जायेगा, ऐसी मैं आशा करती हूँ।

> "जुनून जब हद से गुजरता है, तो सफलता का जन्म होता है।"
>
> \- हर्षिता शुक्ला

हर्षिता शुक्ला : एक परिचय

हर्षिता शुक्ला एक बहुत ही लोकप्रिय, लेखक, प्रेरक वक्ता, सफलता विशेषज्ञ और लाइफ कोच हैं। इन्होंने अभी तक देश से विदेश तक की कई कंपनियों, व्यक्तियों, एन.जी.ओ. और एकाकी व्यवसाय से सम्बन्धित लोगों को प्रशिक्षित किया है। यूँ कहें तो हर्षिता शुक्ला एक ऐसी "सोच" का नाम है जिन्होंने बहुत सारे लोगों की जीवनयापन क्रिया को ही बदल के रख दिया। इन्होंनें अपने जीवन के कुछ ही काल में बहुत बड़ी–बड़ी उपलब्धियों को हासिल किया है।

हर्षिता शुक्ला ने अपने जीवनयापन की शुरूआत एक प्रशिक्षक (ट्रेनर) के रूप में किया। इन्होंने प्रशिक्षण के दौरान बहुत सारे लोगों को तरह–तरह की समस्याओं से जूझते देखा, ये बात किताब लिखने की सबसे बड़ी वजह बनी। इन्होंने अपनी सोंच को किताब के पन्नों पर उतार कर दुनिया को अवगत कराने को कोशिश की है।

"सफलता एक चुनौती" शीर्षक लोगों की सफलता को ना प्राप्त कर पाने की समस्याओं से निजात पाने की कोशिश है। इस शीर्षक में अपने जीवनकाल में सफलता को प्राप्त करने के लिए सारी चुनौतियों और उसके समाधान का उल्लेख और वर्णन हुआ है।

अधिक जानकारी के लिए

वेबसाइट : www.harshitashukla.com

ई–मेल : reachme@harshitashukla.com

हर्षिता शुक्ला के ऑडियो–वीडियो प्रवचन और पुस्तक के आर्डर के सम्बन्ध में जानकारी हेतु संपर्क करें:

टेलीफोन : +91-522 4042479, **ई–मेल** : info@harshitashukla.com

कृपया इन साइटों और नंबर पर कॉल व रजिस्टर करने के लिए कृपा करें, क्योंकि ये साइटें आपको **हर्षिता शुक्ला जी** के बारे में विस्तृत जानकारी उपलब्ध करती हैं।